荣获“改革开放30年中国学前教育十大杰出人物”

与国家总督学柳斌（右）合影

80岁高龄的中国早教之母区慕洁（左）亲访总部

与原财政部副部长、现中国珠心算协会
主席迟海斌（左）合影

2010年春节程泊华做客中央教育
电视台“天下父母”节目

能量娃成功开发了儿童
脑潜能和创造力。
愿能量教育为中国特色
儿童启蒙奉献更大能量。

高成华

二〇〇九年十二月
于北京

中国优生优育协会副秘书长、儿童脑潜能开发专业委员会主任委员高成华教授对能量教育的评价

激发能量 培养尝试精神

必须从幼儿抓起

尝试学习研究会 邱学华

2009.12

国家教育部首推二十位教育家之一邱学华教授为能量教育题字

# 神奇的能量早教

能量教育引爆中国早教革命

程泊华◎著

中國婦女出版社

图书在版编目（CIP）数据

神奇的能量早教／程泊华著．—北京：中国妇女出版社，2010.8

ISBN 978-7-5127-0048-2

Ⅰ.①神… Ⅱ.①程… Ⅲ.①婴幼儿—早期教育 Ⅳ.①G61

中国版本图书馆 CIP 数据核字（2010）第 114607 号

**神奇的能量早教**

作　　者：程泊华　著
策划编辑：刘　宁
责任编辑：刘　宁
封面设计：青华视觉
责任印制：王卫东
出　　版：中国妇女出版社出版发行
地　　址：北京东城区史家胡同甲 24 号　　邮政编码：100010
电　　话：（010）65133160（发行部）　　65133161（邮购）
网　　址：www.womenbooks.com.cn
经　　销：各地新华书店
印　　刷：北京忠信诚胶印厂
开　　本：160×230　1/16
印　　张：10
字　　数：125 千字
版　　次：2010 年 9 月第 1 版
印　　次：2010 年 9 月第 1 次
书　　号：ISBN 978-7-5127-0048-2
定　　价：19.80 元

# 目录

Contents

## Chapter 2 能量教育引爆早教革命

## Chapter 3

## 能量教育就是这么神奇



## Chapter 4

## 早教误区：爸妈别这么糊涂

# 写在前面

## 能量教育为孩子充足一生的能量

一个很偶然的机会读到《明朝那些事》，作者以调侃的笔法将正史写得趣味横生，不禁萌生了写作一本类似的书的念头——让妈妈们最关注的早教话题变得轻松起来。最好一本一本地出，孩子渐渐长大，妈妈越来越年轻，因为接受科学早教的孩子会让妈妈省心，省心就年轻。如果捎带着能让爸爸们也能关注一下孩子的启蒙就更好了，听说现在英国已经开始流行奶爸啦，妈妈一旦生了宝宝，奶爸可以放半个月的假。我自己就是从做爸爸之后投身早教事业的，深知孩子的健康成长离不开父亲的参与，也非常享受早教事业带给我的幸福感和成就感。

2005 年以来，我在全国举办了近百场家长、园长报告会，深感各地家长对儿童早期教育的关注和困惑，园长对本土教育理念的渴求。在能量娃儿童会馆清华园分馆的一次家长论坛上，一位博士妈妈曾困惑地跟我讲：“我们家长也不知道应该怎样教育孩子，素质教育的内容到底包含哪些方面，我们一直不太清楚，反正什么热，我们就跟着学什么，大人累，孩子也累……”湖南长沙著名的蓝猫幼教集团（现更名为“迪爱宝贝”）总园长、汪晖女士曾跟我讲：“现在中国的早教、幼教界言必称‘蒙氏’，但到底谁是正宗的‘蒙氏’，孩子们和家长也都弄不清！甚至许多园长也弄不清！”

中国作为世界人口第一的大国，每年出生近2000万儿童，可在儿童教育理论上完全是引进版：要么是“蒙氏”，要么是“双语”。我们并不反对国外先进的教育理念，而是更加强调早期教育要与时代结合、与国情结合，要与时俱进、实事求是。可能没有哪一个国家的父母像中国的父母那样，在孩子的早期教育上投入巨大，但结果却未必能如其所愿。如此高投入和结果不尽如人意的强烈对比不能不使为人父母者深思：未来的中国社会需要怎样的人才？你为孩子选择的早期教育是否与社会的要求相符合？目前中国的教育现状是，早期教育和幼儿园教育脱节，幼儿园教育和中小学教育脱节，中小学教育又与社会对人才的要求脱节。在早期教育阶段，即孩子0~3岁这一年龄段，孩子主要的生活环境是家庭，家长在孩子的教育问题上有绝对的话语权，五花八门的教育理念和教育机构，你可以自由选择。而到了幼儿园教育阶段，即孩子3~6岁时，你会发现在孩子的教育问题上，你的话语权在减弱，你选择的余地也小了很多，摆在你面前的基本上只有两条路：公立幼儿园和私立幼儿园（关于这两类幼儿园的问题我会在后面的文章中详细阐述）。这一阶段，孩子一天中的大部分时间是在幼儿园度过的，你所信奉的教育理念与幼儿园的教育方法可能会有很多冲突，但老师对家长的意见还比较重视，对孩子的个性还比较尊重，更重要的是没有升学的压力。到了小学阶段，作为家长你会发现，你的话语权极其有限，学校和老师的要求是绝对的权威，孩子将在十几年的时间里生活在学校的价值评价体系中。如果不能适应学校的要求，学校和老师对孩子的评价过低，对孩子自尊心和自信心的形成是一个极大的障碍，而一个没有自尊心和自信心的孩子是不可能有幸福、成功的人生的。

早期教育不是为了教育而教育，一定要瞄准未来社会对人才的要求，一定要与中国的教育现实相结合。在教育现状一时无法改变的前提下，正视它，帮助孩子积极地适应它，是为人父母者明智的选择。能量教育理论的创立正是基于对未来中国社会所需人才的深刻剖析，着眼于在应试教育向素质教育转轨的大背景下培养未来社会的精英。能量教育的实践首先从幼儿期开始，因为幼儿期是性格形成和符号学习的关键期，也是幼小衔接的关键期。能量教育不仅能在短时间内让父母看到孩子的神奇进步，更能让孩子长久地保持这种优势，赢在今天，更赢在明天。

2009 年春节之际，我到京城最大的新华书店逛了一圈。早教书确实不少，有的是亲生父母育儿经，有的是专业早教理论。看罢有了信心，因为咱可是三位一体：作为父亲，女儿婷婷、儿子大海算是早教成功的案例；身为能量教育理论的创立者之一，至少拍胸脯敢说是原创；最大的信心来源于广大的家长，能量娃儿童学习会馆和能量教育示范园使近 30 万个孩子受益，根据跟踪调查显示，这些孩子升入小学后 90% 担任了班干部，成为三好生、尖子生，正所谓“实践是检验真理的唯一标准”。

我们大家翻开一本早教的书，大约有三大需求：第一，有没有新的育儿理念；第二，要简单，别太复杂，易于理解；第三，要实用，能指导现实生活中对孩子的启蒙。如果读者是年轻父母，文字最好是轻松愉快的。毕竟大家都不容易，阅读有趣还能学到点新知识才是硬道理，大人跟孩子一样都喜欢玩中学。

人生有三大风险：一是学错了东西，许多知识，传播者自己都说不明白，更没有实践过，受众听不明白或无法操作，这样的传播就是变相害人，至少是浪费时间；二是在事业上选错了方向、跟错了人，这是许多人不成功的主要原因；三是选错了配偶，男人选错配偶至少影响三代人，女人嫁错了郎，一辈子就毁了，无幸福可言。事实上，人生所有的经验都离不开上述三种选择。我在本书中首次提出“择商”概念，希望引起读者朋友的共鸣。

《神奇的能量早教》想达到的是这样的目的：育儿成功，事业成功，家庭幸福。至少初衷如此，实现与否只能有待读者朋友阅读后评说。

# 序言一

## 妈妈送给爸爸的“成功奇书”

摇篮网首席执行官　高　翔

已为人父是男人成熟的标志，他让我们开始理解什么叫“责任”。

一个真正意义上获得成功体验的父亲大约有两个标准，一个是“好爸爸”，另一个是“事业有成”。读了《神奇的能量早教》，体会到这两个方面书中都给了我们一些启迪。

与能量老爸程泊华的相识，我有一种一见如故、相见恨晚之感。大家共同点很多，都为人父，均在从事与早教相关的行业，又都刚刚过了不惑之年，也拥有相似的教育背景，我们差不多是一届的，我读清华，他念的是北航。也许正是这些相似点，我们的共鸣很多，我很欣赏他创新的能量公式：E（能量）＝M（优势智能）×C（能量圈）×C（速度），这原本是爱因斯坦的物理学公式，他引进到教育之中，并迁移为人才成功，甚至是创业成功的定理，我认为这是值得许多爸爸们借鉴的成功法则。

E（能量）＝M（优势智能）×C（能量圈）×C（速度）：孩子的成才一定要先发现其优势智能，并为他创设能量圈（空间）、选择高效的成才模式（时间），郎朗、孔令辉、姚明甚至赵本山、小沈阳的成功都遵循这一法则。他们都是首先找到了自己的优势智能，这是获得成功的前提，同时尽量放大能量圈，采用早或巧的效率模式。

而创业的成功也依此法则，如世界上最成功的两家企业：计算机领域的“微软”和“英特尔”，“微软”专注操作系统这一优势智能，不断研发升级，提升速度，在全世界计算机能量圈捆绑销售；英特尔专注芯片这一优势智能，不断自我超越更新，在全世界的计算机能量圈置入芯片，终于获得极大成功。

无论是教育孩子还是事业上的成功都暗合这一法则，依据这一法则会大大提升能量老爸称之为“择商”的选择水平，在多元化的机会面前，我们有了清醒的选择依据，对我们有很大启迪。

也许从这个意义上讲，本书应该说是一本“奇书”，是早教领域中的创新，能帮助爸爸们取得教育子女和事业上的双丰收，是值得妈妈们送给爸爸们最好的礼物。

（作者简介：高翔，摇篮网首席执行官，毕业于清华大学经济管理学院；美国威斯康星大学数学、计算机科学双硕士。在美国创办chinamalls电子商务网并成功上市，曾任美国微软公司项目经理，资深互联网技术和营销专家。）

# 序言二

## 能量老爸程泊华和能量娃印象

红孩子网站社区总监　玉米妈妈

我们在做红孩子亲子社区的过程中，与国内的早教机构合作较多，对于幼教领域的关注是持续而且深入的。

有一天无意中跟同事看到新浪网和《北京晨报》评选出来的“北京早教五强”名单，里面除了我们较为熟悉的一些机构外，能量娃儿童学习会馆（后文简称“能量娃”）犹如一匹黑马闯入了我们的视线。

我的同事几乎是立刻就开始与他们联络，希望能约“能量娃”的创始人——能量老爸程泊华做专访。事情就是这么的机缘巧合，从网上找到了他们总部的电话，一个电话打过去说明来意，居然只经过一道转接，她就与能量老爸直接进行了对话，并约定了我们去拜访的时间，真让我感叹“能量娃”效率之高。

每次的专访前，尤其是幼儿园和早教中心，我都会亲自去专访对象所在的机构踩点，因为亲眼所见的感受会胜过一切的背景资料。对于“能量娃”，我心里真是十分好奇，是什么原因能让他们在短短的几年时间里迅速在早教领域脱颖而出呢？与众多的幼儿教育机构相比，“能量娃”的核心竞争力又是什么呢？

在探访过“能量娃”总部和与能量老爸程泊华沟通后，一切的问题就自然而然地得到了解答。

“能量娃”的创始人程泊华本身就是一位父亲，育有一双儿女。孩子们在他们夫妻的精心培育下都非常优秀，很让人羡慕。程泊华将自身的养育经验结合专业所长，开创能量教育的理念，以识汉字入手，投身到幼儿教育的领域中来，让“能量娃”在短时间内迅速在城市的社区里茁壮成长。

我对“能量娃”已申请到专利的“字海冲浪”最为感兴趣，第一次拿到演示产品的时候，着实心潮澎湃了一下，不由得心里暗自赞叹能量老爸的聪明智慧：“人家怎么就能想到拆解中国汉字的结构，又能兼顾孩子们喜欢拼拼摆摆的心理特点，开发出这样有创意的产品呢。”

一横一撇一捺等这些基本的笔画，在老师们的引导启发下，孩子们边动手边记忆，“人”“大”“犬”“太”等字只是挪动了小小的一点，孩子们就能迅速掌握并牢牢记住。

与其说这是一套学汉字的工具，不如说更像孩子们可以摆弄的玩具。

玩中学，掌握汉字，从而拓展到阅读，真是非常有意思的事情。

而“能量娃”的会馆发展之所以能那么快，遍地开花，一方面，是因为能量老爸的商业智慧，另一方面，与家长们对科学早教方法的渴求也有很大的关系，所以当一旦了解了“能量娃”的核心能量后，自然的靠近并加入也就是不足为奇的事情了。

很荣幸受邀为能量老爸的大作《神奇的能量早教》写序，我以一个妈妈和关注幼教机构发展的从业人员的视角来写对于能量娃和能量老爸程泊华的印象。

早教是一种理念，你相信它就去身体力行，孩子很快就会给你展现奇迹。

早教的方法众多，需要每一个家长根据孩子自身的情况去选择。

最后，要感谢能量老爸的分享，相信只要父母们用心读、用心体会，定能从中领悟到适合自己孩子的早教方法。

# 序言三

## 儿童会馆新模式填补幼教空白

《北京晨报》教育新闻部主任、教育周刊主编　廖厚才

读了《神奇的能量早教》一书，眼前有一亮的感觉——能量教育、儿童会馆为何能创造出神奇的效果，这本书揭开了秘密。

认识能量老爸程泊华，缘起于“能量娃”被新浪网和《北京晨报》评选为“北京早教五强”，我专访“能量娃”的时候。

聊起来，我和程泊华是同届，都是1987年考上北京读大学的一批学子，他读北航，我读的是法大，两家学校相距两站地，挺亲近的。

“能量娃”之所以获得家长的强烈认同，我以为是与“儿童学习会馆”的创新模式分不开的。

大家现在都在说：在北京上好幼儿园比上大学都难，主要表现在公立园报名难，私立园收费高，新建小区缺乏幼儿园配套。而最

让家长不满意的地方则是部分园所离家远，而且有的园所教不出真东西。

能量娃儿童学习会馆在这样的背景下应运而生。今天，在北京的各大小区，儿童会馆如雨后春笋般冒了出来，它凭借先进的理念、小班制的教学、个性化的服务、神奇的效果，让爱挑剔的京城家长竖起了大拇指。说实话，做到这一点，没有真功夫是办不到的。

现在，程兄的爱女婷婷已经亭亭玉立，在北京市 101 中学上初中。婷婷的成长离不开能量老爸的个性化教育。他有这样优秀的孩子，我真替他高兴。如果政策允许，我真希望能再有一个孩子，让他一出生就能接受能量教育，让程兄这位能量老爸为他设计更加轻松快乐的童年生活，让他更早地体验成功。

由于职业上的方便，我经常采访北京知名的教育机构。我的感觉是，在教育理论、教学模式、教学效果三方面都有创新的本土品牌中，能与“能量娃”比肩的的确是凤毛麟角。今天，“能量娃”作为早教业的一匹黑马闯进了“北京早教五强”；明天，“能量娃”很有可能打造成为中国早教本土理念第一品牌。中国急需创新的理念、创新的办学模式，而只有从娃娃抓起，才有望培养出创新人才。

希望在不久的将来，能量娃儿童学习会馆新业态，凭借家长良好的口碑开遍京城，为婴儿潮中出生的“猪宝宝”们、“奥运宝宝”们入园排忧解难。

更希望每个小朋友都能成为充满信念、活力、创造的能量娃！

# Chapter 1

# 能量老爸：中国问蒙第一人

# 第一节　养儿育女推开早教大门

## 一双儿女让我意识到父亲的责任

1997年，女儿婷婷出生，当时我28岁。不知是何原因，我仿佛一下子感觉自己长大了，由一个男人变成了父亲，忽然意识到“父亲”的责任。我望着女儿熟睡的脸庞，暗暗对自己说：“宝贝儿，爸爸一定让你成为最幸福的孩子！”

其实，在两年半前我和太太已经生了一个儿子。我记得当时看见儿子出生也确实兴奋了一阵子，但与女儿的出生，心里的感觉完全不同。儿子出生时我刚满26岁，好像自己也是个大男孩，对这个小男孩的到来缺乏足够的心理准备。男人的心理成熟确实比女人晚，在确认“父亲”的角色时，女儿要比儿子更能激发父爱。妈妈们千万不要重男轻女，从培养老公成熟和责任心的角度讲：女孩不仅是妈妈的“贴心小棉袄”，更是爸爸的“贴心小马甲”。我想，身为妈妈的女性读者朋友，大多数都会与自己的老爸关系浓浓的，这是天然的亲情。

在女儿0～3岁这段时间，我们住在北京朝阳区的一处“乡间别墅”，离市区有段距离，买根葱都要开车出去，很不方便，至于周边的早教咨询就更谈不上了。出于父爱本能，我力所能及地做了许多今天看来也是正确的事情，比如，从书店里买回来童谣磁带，放在录音机里让两个孩子边唱边背；忙里偷闲，骑车驮着儿子在田间小道“驰骋”，和孩子一起在稻田里观察青蛙；从福建一家家庭用品进出口公司专门买来家庭游泳池（充气的那种），让两个孩子尽情玩水……陪伴两个孩子玩是我最大的乐趣。

## 遍寻京城，找不到孩子的“理想国”

儿子大海曾经上过一家公立幼儿园，而且是全托，周末接回家。有一次回到家，儿子居然一瘸一拐，老师也没有告诉我们，后来上医院才查出来是大腿脱臼，可见老师粗心到何种程度。后来又先后转过两家公立幼儿园，都是感觉啥也没学到。眼看着女儿婷婷也到了入园年龄，我们开着车满城跑：某著名公立园，要提前一年报名，而且都是给政府领导子女准备的；某著名私立园，价格高得离谱，请了几个老外，放一放英语录音带就算双语教学；某著名连锁园，号称学的东西很多，但在我们看来，简直就是小学教育的提前化……后来，做了早教行业，经过实践与思考，我终于发现这其中的缘由：在北京这样的大城市，公立幼儿园是“皇帝女儿不愁嫁”，数量少，长期处于供不应求的状态，许多家长要走后门才能让孩子报上名，加上体制原因，某些园对于教学基本没有改进的动力，而且，少部分园所经常以《幼儿园指导纲要》为凭据，反对用科学方法早识字、早阅读、学数学等潜能启蒙。其实，在今天看来这都是对《纲要》的误读，关于这一点我会在后面的内容中进行详细的阐述。

哪里有孩子的“理想国”，哪里有家长可以将心肝宝贝寄放的儿童乐园呢？真的没找到。最后，我把两个孩子都送到了清华大学洁华幼儿园，在那里完成了他们学前教育的最后阶段。总的来说，洁华幼儿园的硬件在北京算是一流的，但在教育启蒙方面，家长还是要自己多花些心思的，不过毕竟没有让我们感到特别失望。

## 教孩子识字，悟出字里有乾坤

儿子大海5岁，女儿婷婷3岁，已经到了识字的年龄。我从书店买来《三字经》《百家姓》《千字文》让孩子们背诵，儿子根本就坐不住，女儿稍好些，但也不情愿。我看孩子们不喜欢这样学识字，便与妻子商量，要研究一种打破传统的识字方法，让孩子获得快乐体验。妻子忽然想起我对她的老同学“发表的”关于汉字的一番高论：中国的汉字是最简单而精辟的，传统文化博大精深，儒家文化要义繁多，但一个“儒”字便高度概括，“儒”字可拆成“人”“需”二字，说明儒家是研究人需要什么的学问；同理，佛家要义更多，但一个“佛”字，可以拆成“人”“弗”二字，是讲人不能做什么，所以佛家讲戒律，因为“弗”字在古汉语中是“不要”的意思。一句话惊醒梦中人，“不识庐山真面目，只缘身在此山中”，我自己早已悟出的道理一下子被妻子点醒了：汉字是可以拆的，如果把汉字拆成儿歌，孩子们一定会喜欢，那么不能拆的独体字编成笔画儿歌，再设计成孩子爱玩的玩具，岂不就是玩中学了。这一想法让我和妻子兴奋不已，于是，我们编起了儿歌，并制作了教具。我们给这种识字方法起了一个好听的名字：“字海冲浪”，将中国传统的“学海无涯苦作舟”改成“学海无涯乐冲浪”。效果果然不同凡响，两个孩子的识字由原来死背书变成了动手玩，开开心心每天都能认识二十几个字，6个月左右玩会了2500个汉字，相当于小学6年的识字量，而且喜欢上了阅读。我专门给他们买回来四大名著儿童绘本，图文并茂，两个孩子都特别喜欢，我和妻子也欣慰不已。

女儿后来的成长经历证明我们的做法是正确的，早识字、早阅读不仅开拓了孩子的视野，丰富了孩子的知识，也使孩子的心理更加成熟。

女儿婷婷5岁半上小学，而且小学期间没有上过任何课外辅导班，我和她妈妈也没时间辅导她，但她学习成绩一直很好，这全归因于5岁前的早教。正是因为我们教育得早、方法科学，女儿与同班同学（不同龄）相比显示出了爱学、会学、后劲足的优势。2008年，女儿考入北京市重点中学101中学，第一次期中考试三大主科语文、数学、英语的总分排名班级第四名，期末考试上升到第三名，还担任中队长、英语课代表，多次被评为“三好学生”，第一批加入共青团。

一次，我很认真地问女儿她是怎样看待早教的，女儿认真思考后对我说：“爸爸，我觉得早教带给我最大的动力就是成功后的高峰体验。早识字，我就喜欢阅读。书读得多了，理解能力就强。上了小学解应用

女儿婷婷在101中学大门前留影

与女儿在家里分享阅读之乐

题，很多同学不是不会做，而是读不懂题，有的甚至连字都认不全。别看我年纪比其他同学小，但我反应比他们快，所以久而久之我就有了成功的高峰体验。考试一排名，与比我年龄大 1 岁半的同学比我能名列前茅，心里真是美滋滋的，所以我就越来越自信，越学越爱学。”啊，我终于揭开了成功早教的谜底：在孩子心智发育的第一时间让孩子感受自信的快乐，这样他的人生才更容易步入积极、健康的轨道。许多家长都说：“咱孩子也不比别的孩子笨，就是不爱学，就是不上学习的道！”孩子为什么不爱学？主要原因就是从小没有尝到学习的甜头和快乐，当然就缺乏动机，就甘于落后。很多家长没能意识到这一点，总是怀疑早教的科学性，等孩子长大上学后才抓紧，有些家长甚至在孩子升高中时才让孩子“奋起直追”。孩子从小就没有学习上的高峰体验，没有养成良好的学习习惯，对于落后倒是很习惯了，心理状态很难在短时间内调整到最佳程度。正应了那句话：一步差，步步差。

高峰体验在孩子的生命中来得越早越好，因为它可以让孩子第一时间找到自信的感觉，人生从此变得主动积极，由他人肯定转化为自我肯定，自信的种子在孩子的心里生根发芽。当然，高峰体验的内容因人而异，每个孩子的优势智能不同，男孩与女孩也不一样。当今的考试制度对女孩更有利一些，因为传授知识的方式以听说为主，而男孩动手能力、抽象思维能力要比女孩强，但听说不如女孩，所以，男孩子的家长一定要客观地看待孩子在学校的表现，不要把考试成绩作为唯一的标准来衡量所有的孩子。自古代开设科举以来，历史上一共出现了六百余位状元，但青史留名者寥寥。改革开放30年，恢复高考以来每年都有高考状元，但跟踪的结果表明，当年的高考状元，今天在所在行业领先者几乎没有，倒是出现了所谓当年在学校里排在10～20名的孩子，取得的成绩反而更出色，被媒体称之为“10名后”现象，很值得我们反思。其实，这其中的道理就在于，一张考卷只能检测孩子的部分能力和一段时间努力的程度，至于性格、品德、胆识、沟通、领导力等成功的关键因素，乃至一个人的外在形象、气质这些每个人的不同特质，一张考卷是无法涵盖的，可这些没有考察的内容却在日后人生路上起到非常大的作用。

我的儿子大海就是一个典型的例子：他的情况与妹妹很多都相反，妹妹喜欢安静，哥哥喜欢交友；妹妹喜欢音乐，哥哥偏偏喜欢美术；妹妹对运动感觉一般（尽管她的协调性极佳，游泳、芭蕾舞都很有感觉），哥哥每天都在小区里踢球（没人教他，无师自通），还是小区里“蓝池子”足球队的队长。上了中学后，他又开始组建小区篮球队，晚上一有空就约好小伙伴（不同校也不同龄）去清华大学打篮球，俨然是孩子

全家参加“李阳疯狂英语”（左起李阳、大海、婷婷、妈妈）

王。在美国这是极被认同的能力，能够把小伙伴组织起来的孩子，热心团体比赛的孩子，长大后基本都会成为团队领袖。因为在这一过程中，一个孩子的社交、沟通、组织、协调、规则等团队核心能力就培养出来了。家长绝不要轻视这种能力，这是书本培养不出来的。所以，我们不难发现，许多赴美的华人精英只能从事技术打工，而很少成为团队领袖。妹妹的学习成绩比哥哥好，哥哥的动手能力比妹妹强，小时侯光玩坏的四驱车就可以塞满床底下。我总是鼓励儿子，不要与妹妹比学习，尺有所短寸有所长。建议我们的家长和教师也要树立这样的观念。

## 第二节　四大困惑提问中国早教

作为两个孩子的家长，养儿育女的经历使我开始关注早教，也很想将自己的成功经验与更多的家长分享。但是，我的个体经验适用于其他的孩子吗？2004 年到 2005 年，我受聘在北京大学做文化产业方面的研究，把早期教育作为主要研究方向。在研究过程中我发现，中国的独生子女政策、社会就业的巨大压力使中国的父母越来越关注孩子的早期教育，早教热潮一浪高过一浪，早期教育已经发展成为一种产业，甚至有人称之为暴利行业。然而，中国的早期教育在迅速升温、急剧扩张的同时也暴露出一些明显的问题，这些问题如果不解决，受损失的不仅仅是父母和孩子，更是国家的未来。

### 困惑 1：早教大热为何就业大冷

可能没有任何一个时代的家长像今天的家长这样重视孩子的教育，据《新周刊》调查，54.7% 的父母要求孩子读到博士，83.6% 的家长要求孩子考试进入前 15 名。家长奔波在择校、陪读、交费的泥潭里，学生苦熬在应试、才艺、择业的负担下。幼教大热，就业大冷。教育开端，家长望子成龙，加倍投入，希望赢在起跑线、赢在胎教、赢在择校、赢在专业、赢在才艺；教育终端，竞争激烈难以做到学以致用，就业乏人问津——中国人的成长链遭遇到最难堪的一环：中国社会经济的运行与教育严重错位。社会和教育之间供需的巨大剥离使得家长的付出必须越来越多，而收获可能越来越少。家长对教育几乎不叫投入成本，而是不惜血本，但在某一刻，血本无归，啃老族、宅居族的出现使得家长明白教育投资有风险、入校需谨慎。

“入校需谨慎”不仅是因为孩子教育的投入在家庭开支中所占的比例已经越来越大，更重要的是孩子的童年只有一次，孩子的成长只有一次，如果在孩子智能发育和品格形成的关键没有施以正确的教育，损失的不仅仅是金钱，更是孩子的未来。所以，明智的家长在给孩子选择教育机构时一定要冷静，要有自己的标准和判断。千万不要看别人的孩子学，自己的孩子也要学。好像学了就万事大吉了，学得越多孩子的未来就越有保障。早期教育不是为了教育而教育，一定要瞄准未来社会对人才的要求，一定要与中国的教育现实相结合。在教育现状一时无法改变的前提下，正视它，帮助孩子积极地适应它，是为人父母者明智的选择。

2006 年 11 月的《商务周刊》曾经刊登过一篇名为《李开复致中国高校：请培养 21 世纪企业需要的人才》的文章，在文章中李开复先生尖锐地指出：

在 21 世纪，现代企业最需要的不仅仅是个体上优秀或只拥有某方面特质的狭义的人才，而是能够全面适应 21 世纪竞争需要的，在个人素质、学识和经验、合作与交流、创新与决策等不同方面都拥有足够潜力与修养的广义的人才。如果把 20 世纪企业需要的人才特质与 21 世纪企业对人才的要求做一个简单的对比，我们大致可以得到下面这张反差强烈的对照表：

并不是说 20 世纪强调的诸如勤奋、踏实等人才特质就不再重要，事实上，21 世纪对人才的要求同样会以这些最为基本的个体素质和行为规范为基础。只不过，新的要求更全面也更丰富，审视人才的角度也从单一的个体层面转向了融合个体、团队、组织、社会乃至环境等多个维度，涵盖学习、创新、合作、实践等多种因素的立体角度。

今天，中国高校培养人才的方法和方向主要还停留在培养20世纪需要的人才上，不能很好地培养21世纪需要的人才。概括说来，21世纪需要的人才具有以下七个鲜明的特点：

1. 融会贯通：仅仅勤奋好学，在今天已经远远不够了。因为最好的企业需要的人才都是那些既掌握了丰富的知识，又具备独立思考和解决问题的能力，善于自学和自修，并可以将学到的知识灵活运用于生活和工作实践，懂得做事与做人的道理的人才。

2. 创新与实践相结合：从根本上说，价值源于创新，但创新只有与实践相结合才能发挥最大的效力，“为了创新而创新”的倾向是最不可取的。反之，在实践过程中，我们也不能只局限于重复性的工作，而应当时时不忘创新，以创新推动实践，以创新引导实践。只有这样我们才能不断研发出卓越的产品。

3. 跨领域的综合性人才：21世纪是各学科、各产业相互融合、相互促进的世纪。现代社会和现代企业不但要求我们在某个特定专业拥有深厚的造诣，还要求我们了解甚至通晓相关专业和领域的知识，并善于将来自两个、三个甚至更多领域的技能结合起来，综合应用于具体的问题。

4. 三商兼高（IQ + EQ + SQ）：21世纪的企业强调全面与均衡。一个人能否取得成功，不仅要看他的学习成绩或智商（IQ）的高低，更要看他在智商（IQ）、情商（EQ）、灵商（SQ）这三个方面是否达到了均衡发展。

高智商（IQ，Intelligence Quotient）：高智商不但代表着聪明才智，也代表着有创意，善于独立思考和解决问题。

高情商（EQ，Emotional Quotient）：情商是认识自我、控制情绪、激励自己以及处理人际关系、参与团队合作等相关的个人能力的总称。在高级管理者中，情商的重要性是智商重要性的9倍。

高灵商（SQ，SpirI Tual Quotient）：高灵商代表有正确的价值观，能否分辨是非、甄别真伪。那些没有正确价值观指引、无法分辨是非黑白的人，其他方面的能力越强，对他人的危害也就越大。

5. 沟通与合作：沟通与合作能力是新世纪对人才的基本要求。在21世纪，我们需要的是高情商的合作者，而不再是孤僻、自傲的天才。因为随着全球化、信息化进程的不断发展，几乎没有哪家企业可以在脱离合作伙伴、脱离市场或是脱离产业环境的情况下独自发展。要想在21世纪取得成功，就必须与分布在世界各地的相关企业、社团乃至政府机构开展密切的合作，这种全球化合作当然离不开出色的交流和沟通能力。

6. 从事热爱的工作：在全球化的竞争之下，每一个人都要发挥出自己的特长。而发挥特长的最好方法就是根据自己的兴趣、爱好来选择工作——因为只有做自己热爱的工作才能真心投入，才能在工作的每一天都充满激情和欢笑。这样的人才是最幸福和最快乐的人，他们最容易在事业上取得最大的成功。

7. 积极乐观：在机遇稍纵即逝的21世纪里，如果不能主动把握机会甚至创造机会，机会也许就再也不会降临到你的身边；如果不能主动让别人了解你的能力与才干，你也许就会永远与你心仪的工作无缘。同样的，畏惧失败的人会在失败面前跌倒，并彻底丧失继续尝试的勇气；而乐观向上的人却总能把失败看做自己前进的动力。显然，积极乐观的人更容易适应21世纪的竞争环境，更容易在不断提高自己的过程中走向成功。

在李开复先生提到21世纪人才的七个鲜明特点中，有很大一部分是我们现行的教育体制所缺乏的，比如李先生特别强调的独立思考和解决问题的能力、创新的能力、沟通与合作的能力、价值观的问题、积极乐观的问题。中国的教育体系过于强调背诵记忆、应付考试。应试造成学生每天拼命地读书，把成绩和文凭当做唯一的目标，这样的教育模式与学生未来的职业发展和成功是背道而驰的。应试教育要求学生循规蹈矩地重复旧的知识，不允许有创新的想法，这就扼杀了大部分学生的创造力。在幼儿园，老师要求三四岁的孩子上课必须把手背到身后，不准随便活动、随便说话。小学更是强调规范化，学写汉字一定要大小适中，而且每个字与每个字都要一样大，这对于六七岁的孩子来说是很难做到的。于是，孩子就需要拿出大量的时间来练习，以达到老师的要求。孩子们对于老师提供的标准答案深信不疑，很少有孩子去质疑老师，也不愿意从不同的角度思考问题。从幼儿园到大学，几乎所有的知识都是老师讲、学生听，学生运用所学知识解决问题的机会很少。在这样的教育氛围中成长起来的孩子，怎么可能具有独立思考和解决问题的能力呢？怎么可能具有创新的能力呢？

还有就是李开复先生提到的高灵商和积极乐观，李先生所说的高灵商其实就是我们所说的价值观的确立，这正是现在早期教育中最缺乏的一块儿内容，除了能量教育体系之外，我现在还没发现哪个早教机构有这方面的教育。其实，0～8 岁不仅是一个人智能发展的关键期，也是一个人性格和价值观形成的关键期。没有正确的价值观，没有积极乐观的心态，一切聪明才智都没有意义。

最近，我一直在思考这样的实例：刘松林，深圳聚成公司的创始人，2003 年 23 岁开始创业，2010 年公司的营业额接近 10 个亿，而他的学历是初中毕业；童话大王郑渊洁的儿子只是上完小学就在家里自学，18 岁就赚到人生第一桶金……这些人都没有所谓的高学历，但他们在今天的社会中成功了，实现了人生价值，而我们大多数的家长按部就班让孩子考上大学，读完研究生，结果却是失业，或者是为了生存做着自己不擅长、不喜欢的事情，默默无闻，郁郁寡欢。多么具有讽刺性，这已充分说明我们的教育出了大问题，我们的教育带给孩子们更多的是知识，而不是发现问题、解决问题的能力，特别是创新能力。

按照这样的教育模式，我们培养出来的孩子即使是博士生也很可能给初中生老板打工，因为学校的教育是讲究共性的，是以服从为前提的，是知识的熟练工，而不是知识的探索者；而初中生反而少了束缚，多了胆识、个性和创新，在社会这所大学里，他们能放下身段，脚踏实地把握住机遇，成就一番大事业。

曾经有这样的笑话：甲骨文创始人回到母校，对着台下400多名在校生讲道："你们为什么还在学校里？比尔·盖茨退学创办了微软；戴尔退学创办了戴尔电脑；我退学创办了甲骨文。"校长一看，发觉有些不对头，就让保安将他轰出讲堂。当保安走过来时，他对保安说："你们真没出息，还在听校长的话……"

这虽然是个笑话，但从中我们也不难发现：即使是在美国，学校教育也有滞后性和与社会脱节的特点，人的成才是受到家庭、学校、社会三种环境影响的，最终的检验场所是社会，社会是靠能力来立足的。

能量娃从汉字、数字、英文、音符等这些符号入手，让处于0~8岁黄金敏感期的孩子动手玩，玩中学，在快乐中充足能量，有能量更快乐，玩中开发孩子的潜能，潜能与显效相统一，极大开发孩子动手、动脑、逻辑、想象、表达、团队、创新、领导等适应信息化社会的能力。

### 困惑2：蒙氏真的适合中国吗

中国作为世界人口第一的大国，每年出生近2000万人，但在儿童教育理论上完全是引进版：言必称蒙台梭利、福禄贝尔、瑞吉欧，这与我们有着几千年文化传承的大国和正走在伟大复兴之路的强国是极不适应的。

“蒙氏教育”顾名思义是以意大利教育家玛丽亚·蒙台梭利（Maria Montessori，1870~1952年）的名字命名的。1907年，蒙台梭利在罗马贫民区建立“儿童之家”，招收3~6岁的儿童加以教育。她运用自己独创的方法进行教学，效果惊人：那些普通的、贫寒的儿童，几年后心智发生了巨大的转变，被培养成了聪明自信、有教养、生机勃勃的少年英才。蒙台梭利崭新的、具有巨大教育魅力的教学方法轰动了整个欧洲，人们仿照蒙台梭利的模式建立了许多新的“儿童之家”。1909年，蒙台梭利写成了《运用于儿童之家的科学教育方法》一书，1912年这部著作在美国出版，很快被译成20多种文字在世界各地流传。100多个国家引进了蒙台梭利的教育方法，欧洲、美国还出现了蒙台梭利运动。1913~1915年，蒙台梭利学校已遍布世界各大洲，仅美国就有2000多所。蒙台梭利在世界范围内引起了一场幼儿教育的革命。

蒙氏教育的基本原则体现在以下10个方面：

1. 强调以儿童为中心，反对以成人为本位的教学观点，视儿童为有别于成人的独立个体。为孩子打造的一个以他们为中心、让他们可以独立做自己的儿童世界。

2. 不教的教育。反对填鸭式教学，而主张借由良好的学习环境、亮丽丰富的教具，从日常生活训练着手，让儿童自发性地主动学习，自己建构完善的人格。

3. 把握儿童的敏感期。0~6岁的儿童，在不同的成长阶段会出现对不同事物的偏好，即各种敏感期。蒙台梭利强调掌握儿童敏感，给予适时的学习，这样才能收到最大的学习效果。

4. 教师扮演协助者的角色。教师须对孩子的心灵世界有深刻的认识与了解，对孩子发展的状况了如指掌，才能提供对孩子适性、适时的协助与指导。

5. 完全人格的培养。幼教的最大目的是协助孩子正常化。

6. 尊重孩子成长步调。没有课程表和上下课时间，使孩子能够专注地发展内在的需要。

7. 混龄教学。不同年龄孩子会相互模仿、学习，养成儿童乐于助人的良好社会行为。

8. 丰富的教材与教具。孩子是靠感官来学习的，提供给他的良好刺激越多就越能激发他的内在潜能。蒙台梭利教育拥有一套蕴涵无限教育价值的学具，这套学具利用幼儿感觉的敏感性，透过可供幼儿操作的教具，让孩子们轻松愉快地在操作中探索，在探索中吸收许多抽象的概念。尊重幼儿重复练习的特性，所有学具幼儿可以反复操作，满足幼儿自我学习的需要。

9. 摒除奖惩制度。采取尊重孩子的方式，培养孩子正在萌芽的尊严感。

10. 爆发的教学成果。采取尊重孩子内在需求的方式，让孩子适时、适性地成长，短期内不易察觉成果，但却会在某一时间以爆发的力量彰显出孩子内在心智的成长。

早在20世纪初，随着《蒙台梭利教育法》中文译本的出现，蒙台梭利教育即传入我国，受到国内幼教界的好评与欢迎。20世纪30年代初蒙台梭利博士致函中国教育部长，邀请中国派员赴罗马参加教师培训，并征集在中国采用该教育的报告及书籍。我国时任教育部长蒋梦麟先生回复称：你的教具颇多，但不甚经济，中国多采用设计教学法，教材取自生活，不需购置教具。又称中国没有实施蒙台梭利的报告文章及翻译的书籍等。教育部长之言反映了当时的实情，蒙台梭利教育虽受到称赞，但不适应当时我国的国情，因而未能传播开来。

改革开放后，我国幼教界前辈——北京师范大学教授卢乐山先生编著的《蒙台梭利的幼儿教育》一书于1985年出版，1990年和1993年人民教育出版社出版对外国教育各家名著丛书中，相继翻译了蒙台梭利的4本专著，即《童年的秘密》《有吸收性的心灵》《蒙台梭利教育法》《教育中的自发活动》，蒙台梭利的教育理念得以广泛传播。1994年，北京师范大学与台湾蒙台梭利启蒙研究基金会合作引进蒙台梭利教育的研究项目，北师大实验幼儿园及北京市北海幼儿园成为该项目的实验基地。与此同时，北京市崇文区第三幼儿园、宁夏银川市蒙台梭利幼儿园也相继开始了蒙台梭利教育的实验研究，至此拉开了蒙台梭利教育在我国幼儿园中应用的序幕，目前已遍及全国除西藏自治区外的二十几个省区和直辖市。众多的蒙台梭利班发展水平参差不齐。一批参加课题研究的幼儿园，矢志蒙台梭利教育的本土化研究，取得了显著成效，仍在不懈努力地探索、研究与提高中；也有一些幼儿园由于师资培训欠缺或为经济利益所驱动，对蒙台梭利教育理念领悟得甚为肤浅，成效寥寥。

目前，全国各地越来越多地出现了不同程度对蒙氏教育质疑的声音，《中国青年报》就曾刊登过这样一则新闻："幼儿园里流行蒙氏教育，蒙氏班成了'蒙事'班?"，现将这则新闻摘抄如下：

才4岁就能做万以内的加、减、乘、除，对儿子的这个"本领"，北京的穆女士根本高兴不起来，反而有些害怕。"我儿子本来挺闹的，上了两期蒙氏数学班后，变得特别闷，什么事都提不起兴趣。光会算术有什么用？我还是希望儿子像个孩子，每天快快乐乐的。"

一位学前教育专家介绍，蒙氏数学是蒙氏教育的经典之一，它通过设计巧妙的教具帮助孩子理解枯燥的数概念。但是这些训练都应符合孩子的发展规律，单纯训练孩子单一技能的做法对孩子的成长是有害的。

近些年，各地幼儿园纷纷办起了蒙氏班，在北京、上海、珠海等地，各种类型的蒙氏班更是遍地开花。不少幼儿园把蒙氏班当成提升教学水平的救星、招揽生源的法宝。但是，在一些家长们对蒙氏班趋之若鹜时，另一些家长却怨声载道。

乐女士家住北京北城，每天早晨要花近两个小时，把儿子送到位于市中心的幼儿园，“当时就是因为这儿有蒙氏班，才把儿子送来，但是一年下来，没发现孩子得到了什么特别的教育，钱可没少花”。

北京东城区教委一位不愿意透露姓名的官员评价：“蒙氏班在教育理论界被称为蒙氏教育法，在老百姓中被称为蒙氏班，在业界则被称为‘蒙事’班。”

为什么在国外流行这么多年的教育法，到了国内会成了“蒙事”教育？我觉得蒙氏教育之所以出现这么多问题，主要有两个原因：

首先是没有全面理解蒙氏教育。北京崇文区第三幼儿园所有的教室都是按照蒙氏的标准配备的，北京不少蒙氏教育老师都曾经在这里接受过正规的培训。这个园的范老师就曾感慨地说：“在培训过程中，很多老师认为有了蒙氏教具就是蒙氏教育了，而没有真正领会蒙台梭利教育法以‘儿童为中心’的教育理念。”蒙氏教育的精髓是“尊重儿童”和“认识儿童”，这与我们现在的教育理念完全一致，但与幼儿园的教育实践和教育习惯相去甚远。正因为这种理解不到位，造成很多幼儿园盲目地照搬和模仿，使它无法适应现代社会，也无法适合我国儿童的现实情况。

造成蒙氏教育出现问题的第二个原因是教师的素质参差不齐。一位家长向我描述了她无意间看到儿子上蒙氏课的情景：在到处都是蒙氏教具的教室里，老师却在给孩子们讲故事，儿子对故事不感兴趣，对架子上的圆柱体产生了兴趣，刚想动就被一旁的老师一把拉住，训斥道："谁让你乱动了，听老师讲故事。"这位妈妈颇为不满："教具都不让孩子动，这怎么能算蒙氏班？"

在蒙氏教育中，老师看似只起到辅助作用，其实，他们要在孩子动手的过程中仔细观察孩子，了解每个人的特殊需求，给每个孩子提供有针对性的辅导。有些人觉得蒙氏班的老师基本上是摆设，谁都能干，其实这种教学对老师的要求更高了。据我了解，国外对蒙台梭利教师的基本要求是：必须精读蒙台梭利所有的著作，参加过蒙台梭利专业机构的培训，然后在幼儿园实习两到三年；而国内对蒙台梭利的教师培训时间很短，最多是两周，发个证书就上岗执教了。有时培训时间只有一两天，培训的效果可想而知。为什么不给老师提供正规的培训呢？一位从事学前教育管理的官员说："人手太少，根本腾不出时间管这些事。"据了解，在很多教育管理机构中，学前教育部门通常只设一两个人；有些机构干脆把学前教育与初等教育合在一起，根本没有专人负责。一位园长说："与其说人手少，不如说不重视，幼儿园的问题既不关系升学，也影响不了就业，当然不重要了，好多问题就这么拖下来解决不了。"如果从意大利原装进口蒙氏教具至少需要50万美元，但我们中国的幼儿园大都采用国产品，甚至是"山寨版"，我们的教师甚至不知道为什么使用这个教具，教具的培养目标和设计原理都是一知半解，在教学实施上是大打折扣的。加之，我们中国幼儿教师的文化水平和知识结构，对来自欧洲的价值观，诸如自由、爱心、混龄交往等理解不深，或误导孩子，都使得蒙氏教育的效果差强人意。

幼儿时期的教育非常关键，成年人遇到的发展障碍很多是幼儿时期的教育不当造成的。如果把一个人的一生比作一座大厦的话，幼儿时期的教育就是地基，地基阶段的任何一点问题都将影响到整个大厦的稳固。如果不从根本上解决对幼儿教育的认识问题，蒙氏班的问题解决了，还会有其他“蒙事”班出现。

蒙氏教育并非不好，它的一些核心理念到今天仍具有科学价值。但您的孩子接受的是真正的蒙氏教育吗？而且，中国孩子的独有特征，比如独生子女、要识汉字、艺术启蒙、双语教育、体能的增强等，尤其是责任感的培养、坚定的人生信念这些与母语深层文化心理黏着度高的教育目标，是不大可能通过照搬外国的教育体系完全解决的。以想象力培养为例，蒙氏就没有这方面的课程。这些特殊的时代特征与国民特征蒙氏教育都无法了解，更谈不上提供解决方案，所以出现上述质疑的声音就不足为怪了。幼儿教育只有与时俱进，在兼收并蓄的基础上形成与中国儿童的智力发展轨迹契合的培训理念和系统，才可以让我国的儿童健康成长，承担复兴中华的重任。否则，简单的照搬照抄只能是刻舟求剑，作为复兴中的泱泱13亿人口大国，没有自己本土化的幼教理念与课程体系，言必称“蒙氏”是可悲和危险的。

其实，越是全球化越需要本土价值观，越是民族的就越是世界的。温家宝总理通过著名的“钱学森之问”深刻反思我们为什么没有培养出像钱学森、李四光、华罗庚这样的大师，他认为最主要的原因是我们缺乏培养大师的教育理念，而这种理念应该是从早期教育到中小学教育，再到大学教育的一以贯之的理念，其中最重要的是早期教育的理念。正如数位获得诺贝尔奖的大师们在感谢自己的老师时所说的那样：最感谢的是幼儿园里的老师，因为大师所应具备的思维品质和个性特征是在幼年期就开始形成的，不可能等到成人时再进行塑造。犹太人占世界总人口的0.3%，却摘得了30%的诺贝尔奖，马克思、毕加索、哈默、摩根、比尔·盖茨、索罗斯、弗洛伊德等都是犹太人。这一切都根源于犹太民族优秀的早教传统，《塔木德》是犹太人必备的圣经，《诺未门》

是犹太人家庭的早教宝典。我们的民族也需要这样的宝典，才能在未来全球化人才竞争中占有优势。早期教育是教育的基础，今天言必称蒙氏的中国早教如何能够撑起中华民族的脊梁？

在日本成绩最好的孩子考幼教专业，幼儿老师的地位非常高；但在中国，工作在幼儿教育第一线的教师大多毕业于幼儿师范，幼儿师范属于中专性质的学校，主要生源是初中毕业后担心考不上重点中学的学生，个人的综合素质和专业知识的储备都有待提高。她们往往实践经验较多，而理论根基较浅。而那些在高等学府或研究机构从事早期教育理论研究的书生，空有理论，缺乏实践，学幼儿教育的竟不是母亲、父亲，也没有在一线带过孩子。理论与实践的脱节必然导致本土幼教理论的缺失，使我国的早期教育在很大程度上表现为理念虚浮、定位模糊、方向错乱、内容芜杂、形式陈旧，正在并且必将继续使未来之中国陷入一种前景可怕的人才困境。

在清华大学南门，一家叫威盛的公司总部大厦屹立在“微软”“谷歌”的旁边，在威盛的楼体上特意镂刻这样三个大字“中国芯”，显得格外引人注目。如果说芯片是计算机的基因密码，决定了计算机是286还是双核的话，早教观念就相当于人脑的基因密码，决定了人脑的反应速度，因为0～6岁，神经元才能产生联系，智能平台才能升级，既然早教如此重要，我们这样的大国就更不能仅仅依赖海外的教育理论和课程体系。到2009年新中国已经诞生60周年，在各条战线上都取得了巨大进步。党的十七大报告中第一次提到“要重视学前教育”，因为美国、日本、欧盟等发达国家早已将早教定为国策。现在，中国的大豆都已经转基因了，一旦出现粮食危机，我们的国家安全将会受到极大威胁！科学早教关系到民族的未来，关乎中华民族的伟大复兴，是培根工程和奠基事业。如果芯片一定要中国制造，人们对此毫无异议的话，早教理念要中国制造、要与时俱进更是不言而喻的，早教绝不能“转基因”！

2009年12月2日，现任北京师范大学学前教育系系主任霍力岩教授应邀到能量娃儿童学习会馆参观指导，作为多元智能、蒙台梭利两个领域的知名学者，在看完能量教育的“字海冲浪”“数海冲浪”两门示范课后，非常认可这样的课程设计。在聆听完能量教育价值观后，身为国内国际早教理论比较领域的权威学者之一，对信念、活力、创造理念的提出表示认同，并表达出她本人很早就有过的思路：德育方面应强调中国核心价值观；智育应强调智慧层面；体育应强调健康是基础。她有一个梦想：研发出一套适合中国孩子早教的教育理念和课程体系，她觉得能量教育正在实现她的梦想！

在网上有这样的记载：霍教授曾将引进国外先进早教理论比喻为“折花”，我们国内许多幼儿园引进了皮亚杰、瑞吉欧、蒙台梭利、多元智能，但像折花一样，只选中了其中最好看的一部分，拿到我们的“花盆里”，前几天还好看，过了不久就凋谢了，正所谓“水土不服”。

霍教授还有北师大梁志燊教授（霍教授的老师）在各种论坛上大声呼吁：一定要走有中国特色的早教之路。我们为有这样的理论专家而欣慰，并在此向她们二位致敬！

## 困惑3：早期教育到底应该教什么

虽然素质教育已经喊了很多年，但应试教育仍然是中国教育的主流，望子成龙的家长当然把孩子考上一所理想的大学当做一个最主要的目标，但是应试教育与素质教育的严重对立与冲突，素质教育的目标性、方向性和导向性如此支离破碎，让成千上万的教育者和受教育者思想混乱、无所适从。

应试教育的影响已经波及了学前教育，中国成长观察的网站上也有很多篇关于学前儿童被各种早教培训搞得筋疲力尽的相关报道。家长对早期教育的追捧孕育了大量的早教机构，但是很多的早教机构并没有科学的早教理念和系统的课程体系，主要还是迎合家长的需要。家长想让孩子学英语，早教班就开办双语教学；家长希望孩子多学一些艺术课程，各种钢琴、舞蹈、绘画等培训班就应运而生，不胜枚举。

教育乃国家之本，教育是实现国家战略的重要基石，教育者应顺应国家和社会的发展潮流，运用自己的专业理论和技能引导家长和孩子，培养国家需要、社会需要的德、智、体全面发展的优秀人才。而作为家长来说，很少有专业人士，早教机构和媒体的宣传起到不容忽视的作用。如果早教机构不能根据中国的国情及中国人才战略的需要，无自己的理论，只是将国外的教育理论照搬过来，只是根据家长的需要教授一些知识技能，这种本末倒置的早教现状是中华民族的悲哀。

有调查显示：美国的孩子知道华盛顿，法国的孩子知道拿破仑，但是中国的很多孩子不知道毛泽东。中国的孩子从出生第一天就开始学游泳，几个月大就每周到早教中心去上各种早教课程。但仔细分析孩子们所学的东西，基本上都是各种才艺培训，而真正影响孩子一生的信念、个性、品德的培养却得不到重视。从早教机构的课程设置到家庭教育的忽视导致中国孩子心灵能量的缺失。心灵能量应当包括：远大的心灵志向、坚定的心灵力量、和谐的心灵品性这样三个方面。

目前很多家庭是六个大人照看一个孩子，溺爱 + 期望的畸形心理导致家长在早教方面的错乱。很多的例子让我们触目惊心：一个孩子去吃麦当劳，母亲吃了一口鸡肉，孩子就非要母亲吐出来；孙女跟爷爷在家里，爷爷卧病在床，痛苦不堪，小孙女只知道跟小猫小狗一起玩耍，看不到爷爷的痛苦……一个不知道爱父母、爱长辈的人，怎么可能爱社会、爱国家？没有道德感的人如何能在社会竞争中把持自我？没有心灵能量的一代支撑的民族如何能屹立于世界民族之林？特别是在物质生活日益丰富的今天，功利思想和意识主导着人们行为的今天，谁来塑造孩子的心灵？

当我们的下一代只知道奥特曼、蜘蛛侠，而不知道毛泽东、孔子，他们就会因本土文化的缺失而在国际文化的冲击中丧失自我。社会越发展，国际间的交流与竞争越频繁，就越能体现民族性的宝贵和重要。从中国制造到中国创造，中国的影响已经遍布世界的每个角落，心灵能量教育如果不能与经济同步前行，灵魂低矮何谈屹立？

“只要你把学习搞好了，别的什么都不用你管。”这是家长教育孩子时我们经常听到的一句话。有人问孙云晓：“《夏令营中的较量》过去那么多年了，现在跟那个时候比，你觉得有什么变化吗?”孙云晓说：“中国的教育有很大的进步，但是很多方面也有着很大的退步。为什么呢？那个时候我们中国的孩子去远足、探险、夏令营、冬令营，风起云涌。今天我们做教育的谁敢组织孩子远足？谁敢组织孩子去探险？夏令营、冬令营，谁敢呢?”中央电视台曾播出过一个学校的春游，所谓的春游就是背上书包，背上吃的，在学校操场上春游，小孩子坐在那里吃东西。韩国、日本的孩子可以在冬天光着脚丫训练，这在中国几乎是不可想象的。儿童体能的退化在不断地腐蚀着孩子的意志和心灵。过去只有成年人才可能患上的肥胖症、糖尿病、高血压，还有孤独症、多动症、性早熟等都成了中国儿童的常见病，在中国成长观察的网站上每天都报道不断。温室里的花朵怎能经得起风吹浪打?!

国际上中国文化热遍全球，国内盲目媚外致英语霸权。中国的崛起吸引了全世界的目光，汉语成了世界了解中国的重要工具，全球学汉语的老外已超过了4000万人。贴在巴黎街头的一则醒目的海报这样写着：“学汉语吧，那意味着你未来几十年内的机会和财富。”中国文化已经走向全球，然而中国并没有与之相适应的教育体系。比如在儿童语言教育方面，所谓的双语教学正在打压、矮化汉语教育，更有甚者，某些地方教委竟然明令禁止幼儿园推行幼儿识字教学。数典忘祖、破坏民族文化传承的败家之举在复兴本土文明、珍惜非物质文化遗产、传承民族信念的大潮前多么愚妄可怕！民族的复兴首先是文化的复兴，文字是文化传承的载体，不理解我们的文字，谈什么教育进步，谈什么振兴中华?!

多少荒唐故事的上演与畸形的文化教育有关。某一年，曾有18位学生报考某校中国文学专业的博士，录取比例为18:1，结果所有考生都因英语没有上线而“全军覆灭”。很多学生都说，一进校门，70%的时间花在啃外语上，至于国学，至于现当代文学，或曰：“知道一点”；或反问：“读四书五经，读《红楼梦》《西游记》能帮助我就业、出国吗?”从社会到个人都被淹没在学英语的洪流中。

从长远看，发展中的中国社会的确需要大量学贯中西、精通英语汉语的人才。我们赞成学好外语，但更需重视母语。语言文字根本上说是一个民族身份认同的问题，最能体现一个民族的思维特征及其认识和掌握世界的方式。唯有注重母语的人文传统，强化汉语的核心价值，同时化解媚外和仇外的不健康心态，我们才会少一些尴尬、多一些自信与自如。

随着中国加入世界贸易组织，2008年北京奥运的成功举办，英语已越来越受到广大家长的普遍重视；同时，由于中国在世界的影响力越来越大，全世界形成了一股持续不退的汉语热，西方国家争先恐后学汉语。

数千年来，语言一直是帝国兴衰的晴雨表。历史上，拉丁语、法语和英语都曾盛极一时，成为政治家、商人和游客的通用语言。如今随着中国的崛起，汉语热在西方不断升温。它的兴起是否会威胁到英语的统治地位？世界半数国家年青一代热心学习汉语这门高深的“未来语言”的事实告诉我们，这个假设并非毫无理由。

美国人出自想要了解中国这个崛起的经济大国的欲望，对汉语兴趣浓厚，得到了政府的支持，许多中学已经将汉语作为选修课；在拉丁美洲，巴拿马议会讨论通过立法将汉语列为公私立学校必修课；南美洲的阿根廷许多学校都进行汉语试点教学；欧洲人为了在未来的全球竞争中占据中国市场的一席之地，也开始学汉语，新近刮起了汉语热的西班牙则出现了汉语教师严重不足的现象。

经济实力的增强和汉语热在西方和世界其他地区的兴起使中国决定利用这个机遇。中国已在一些国家的大学建立孔子学院，从2004年中国第一所海外孔子学院在韩国首尔挂牌至今，已成立近百家。到2010年，将有1亿左右的外国人学习汉语。

由上述事实我们可以得出这样的结论：作为以汉语为母语的中国人，一定要先把汉语学好，有余力的条件下我们再来学英语等第二外语；否则，弄得不好我们得要外国人教我们汉语啦。

## 困惑4：上幼儿园为何如此之难

与发达国家相比，我国幼儿教育发展起点低、速度慢、入园率低。但以前人员流动性不大，许多企事业单位自办幼儿园、托儿所，解决了自有职工子女的入托入园问题，所以城市中的适龄儿童大多可以顺利地进入幼儿园。但改革开放后，一方面是流动人口的急剧增加，另一方面是以前一些企事业单位办的幼儿园陆续关闭，造成公立幼儿园、优质幼儿园数量减少，“入园难难过高考”已成为一大社会热点问题。据统计，全国儿童学前3年入园率在2008年达到了历史最好水平，但是数字也仅为47.3%。此外，孩子“入园难”与家长的观念也有一些关系。有些家长总想着“不能让孩子输在起跑线上”，从幼儿园就开始择校，只选最贵的，只上最好的，只认“双语”“蒙式”“艺术”“国际班”噱头，存在一定的攀比心理。

公立园入园难，私立园入园贵。我曾在摇篮网看到一篇报道：北京某幼儿园星星园年费用45500元，3800元/月；某著名连锁幼儿园3岁以下2480元/月，3岁以上2280元/月；另一家没有什么名气的幼儿园3岁以上1050元/月，3岁以下1100元/月。从上面的数据看，最高的月均接近4000元，一年费用近5万元；最低的月均千元，全年下来也得上万元。有家长认为“上幼儿园比上大学都贵”。据北京市经济信息中心公布的数据显示，去年城镇人均居民可支配收入约2.6万元。若以此为参照，即使选择一般幼儿园，交费后一个普通职工的年收入也就所剩无几了。上幼儿园的费用不但高，而且还在看涨。

入园这么难，收费这么高，家长和孩子们得到的是什么呢？很多孩子用哭闹表示：“我愿意上幼儿园！”是孩子对新环境一时不适应，还是别的什么原因？许多家长亲口跟我讲，孩子不愿意上幼儿园，除了分离焦虑——孩子舍不得与父母分开这一普遍心理原因外，还与大班制、孩子的个性得不到关注和尊重、幼儿园安排的教学活动缺乏吸引力等问题有很大关系。

我国的幼教理论大多是讲育儿理念，对具体操作缺乏系统科学地研发与实证，既注重学科本质规律，又体现幼儿身心特点的教学方式十分稀缺。从延安保育院到今天的幼儿园，我们的幼教仍停留在“以保育为主，潜能开发为辅”的低水平上，更遑论个性化，这与国人日益增长的独生子女成才的巨大需求形成极大落差！

在日本成绩最好的孩子考幼教专业，幼儿老师的地位非常高；但在中国，工作在幼儿教育第一线的教师大多毕业于幼儿师范，幼儿师范属于中专性质的学校，主要生源是初中毕业后担心考不上重点中学的学生，个人的综合素质和专业知识的储备都有待提高。热爱幼儿、尊重幼儿是幼儿教师职业道德的核心，是评价幼儿教师职业道德水准的重要指标。作为教师要全面关心幼儿的成长，满足幼儿生理和心理上的需要，促进幼儿心理健康。然而，在现实生活中，存在着不少幼儿教师在幼儿教育过程中有意或无意地伤害儿童心理的言行。

镜头一：游戏时，有孩子向老师报告："老师，×××打人!"老师不问青红皂白："你又打人了，走！到小班去，我们大班不要你了！你看你做过什么好事情!"说完老师死命地拖着一个孩子往外走。

有些老师对那些调皮或犯了错误的幼儿不进行正面耐心的教育，而是施以恐吓，吓得孩子们大气不敢出。久而久之，会形成胆小怕事的性格，压抑其创造性。虽然老师把孩子管住了，但对孩子的心理会造成负面影响。

镜头二：午睡时，×××小朋友还没睡着。"×××，怎么又是你?!从开学到现在你就没睡着过!""又动了，怎么你就不能安安分分地躺在床上，老是这样动来动去，难道你有多动症?!"

老师明显在夸大事实，从开学到现在孩子怎么会一天都没睡着过呢。"这次你又打人了，上次你踢小朋友的事还没解决呢……"这种话在幼儿园也时常听到。这些做法极大地挫伤了孩子的自尊心、进取心，使孩子自暴自弃，本来存有的悔改之意也就荡然无存了。

镜头三：下课后，由于某小朋友在课堂上乱插嘴。"你现在讲吧，给你时间讲!""不说话了？哑巴了？以后其他小朋友都不要睬他，让他一个人讲好了。"

镜头四："老师我想帮你做事。"孩子兴高采烈地说。"你？不行!"孩子黯然低头离去。"学了这么久你还不会？真是榆木脑袋!"诸如此类的语言在幼儿园中也屡见不鲜，这些也会极大地挫伤孩子的上进心和积极性，其心理伤害是无法估量的。

在幼儿园的日常生活中经常会出现上述情况，教师很随便的一些言行，其实已对孩子造成了心理伤害，这种伤害比体罚还要严重，孩子的直接表现和唯一的反抗方式就是不愿意去幼儿园。但是孩子的这种反抗也许并没有引起家长的重视，家长，特别是幼儿园老师总是说："孩子都会有一个适应的过程，越迁就越不好适应。"每当这个时候，幼儿园老师会要求家长配合，送来孩子就迅速离开，任凭孩子哭天抢地。确实，有很多时候，家长离开后孩子不再哭闹了，因为孩子知道他的哭泣带来的不全是安慰，也许还会有呵斥和冷落。慢慢地，大多数孩子都不再哭闹，每天顺从地去上幼儿园，只是在可以在家的时候表现得特别开心，或是经常莫名其妙地生病。但也有少数孩子依然每天哭得撕心裂肺、肝肠寸断。孩子所经历的这些心理的折磨会对他们以后的人生产生诸多影响，只是我们的家长没有预见。

# Chapter 2

# 能量教育引爆早教革命

宋庆龄说："儿童是我们的未来，因为未来的世界是属于儿童的。"但是在中国儿童普遍存在心理能量矮化、身体能量弱化、智力能量畸形化的状况下，如果不进行一场彻底的教育变革，那么毫无疑问，我们必将输掉中国的未来。

对早教行业的全面考察使我看到了中国早教繁荣之下的虚弱，也坚定了我投身早教事业的决心。从2005年起，我和时任北大文化产业研究所（现已升级为文化产业研究院）的同仁达庄、栾祖荣一起开始进行中国本土早教体系的构建工作，希望为中国的孩子提供一套本土的早期教育整体解决方案。鉴于教育的重要功能是给受教育者提供人生的动力，而动力来自能量，我们把这种教育称之为"能量教育"，我这个从事能量教育的父亲自然也就有了新名字：能量老爸。

## 第一节　能量公式破解成才密码

为什么有的孩子弹钢琴8分钟就厌倦了，而有的孩子一天可以弹8个小时（钢琴家郎朗还不止）却乐在其中呢？为什么在北京出现了天价幼儿园，年赞助费突破10万元（信息源于《北京晚报》），家长还会趋之若鹜，而收费低廉的许多私立园却无人问津，每年倒闭关张的现象层出不穷？为什么郎朗3岁开始弹钢琴、孔令辉5岁开始打乒乓球？这些问题从不同角度提出了教育的规律性话题，第一个问题讲的是优势智能，爱不爱弹琴不是注意力问题，而是音乐优势智能是否具备的问题；第二个问题讲的是教育的空间环境问题；第三个问题讲的是教育的时机问题。

### 及时发现孩子的优势智能

20 世纪 80 年代，美国著名发展心理学家、哈佛大学教授霍华德·加德纳博士提出多元智能理论，二十多年来该理论已经广泛应用于欧美国家和亚洲许多国家的幼儿教育上，并且获得了极大的成功。霍华德·加德纳博士指出，人类的智能是多元化而非单一的，主要是由语言智能、数学逻辑智能、空间智能、身体运动智能、音乐智能、人际智能、自我认知智能、自然认知智能 8 项组成，每个人都拥有不同的智能优势组合，但每个人的排序不同，有的人是音乐排在第一，逻辑排在最后，那么他可能就是音乐家；如果数理逻辑排在第一，而音乐排在最后，他

多元智能大脑结构

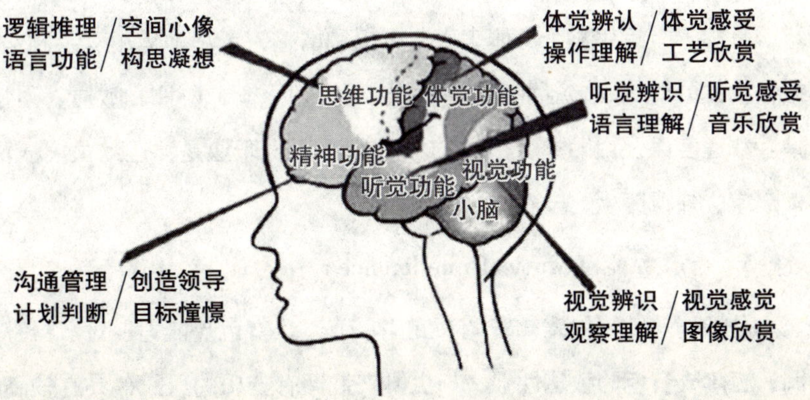

可能就是数学家。每个人都是天才，所谓蠢材就是放错了地方的天才。

1. 语言智能（Linguistic intelligence）

是指有效地运用口头语言或及文字表达自己的思想并理解他人，灵活掌握语音、语义、语法，具备用言语思维、用言语表达和欣赏语言深层内涵的能力结合在一起并运用自如的能力。适合的职业是：政治活动家、主持人、律师、演说家、编辑、作家、记者、教师等。

2. 数学逻辑智能（Logical-Mathematical intelligence）

是指有效地计算、测量、推理、归纳、分类，并进行复杂数学运算的能力。这项智能包括对逻辑的方式和关系陈述和主张、功能及其他相关的抽象概念的敏感性。适合的职业是：科学家、会计师、统计学家、工程师、电脑软体研发人员等。

3. 空间智能（Spatial intelligence）

是指准确感知视觉空间及周周一切事物，并且能把所感觉到的形象以图画的形式表现出来的能力，包括对色彩、线条、形状、形式、空间关系的敏感性。适合的职业是：室内设计师、建筑师、摄影师、画家、飞行员等。

4. 身体运动智能（Bodily-Kinesthetic intelligence）

是指善于运用整个身体来表达思想和情感，灵巧地运用双手制作或操作物体的能力，包括特殊的身体技巧，如平衡、协调、敏捷、力量、弹性和速度以及由触觉所引起的能力。适合的职业是：运动员、演员、舞蹈家、外科医生、宝石匠、机械师等。

5. 音乐智能（Musical intelligence）

是指能够敏锐地感知音调、旋律、节奏、音色等能力，对节奏、音调、旋律或音色的敏感性强，与生俱来就拥有音乐的天赋，具有较高的表演、创作及思考音乐的能力。适合的职业是：歌唱家、作曲家、指挥家、音乐评论家、调琴师等。

6. 人际智能（Interpersonal intelligence）

是指能很好地理解别人和与人交往的能力，善于察觉他人的情绪、情感，体会他人的感觉、感受，辨别不同人际关系的暗示以及对这些暗示作出适当反应的能力。适合的职业是：政治家、外交家、领导者、心理咨询师、公关人员、推销员等。

7. 自我认知智能（Intrapersonal intelligence）

是指自我认知的能力并能够认识自己的长处和短处，意识到自己的内在爱好、情绪、意向、脾气和自尊，喜欢独立思考据此作出适当行为的能力。适合的职业是：哲学家、政治家、思想家、心理学家等。

8. 自然认知智能（Naturalist intelligence）

是指善于观察自然界中的各种事物，对物体进行辨别和分类的能力。这项智能有着强烈的好奇心和求知欲，有着敏锐的观察能力，能了解各种事物的细微差别。适合的职业是：天文学家、生物学家、地质学家、考古学家、环境设计师等。

帮助孩子发展各种智能可以提高孩子获得成功和幸福的机会。当然，越早开发孩子的各种智能，对孩子将来的发展就越有帮助。过去，我们有一个极其错误的观念：学好数理化，走遍天下都不怕。这完全是用一把尺子来衡量所有的孩子，这里给您举个例子：如果大家看过《恰同学少年》这部电视剧的话，有这样一个镜头：肖子升和蔡和森（毛泽东在湖南师范大学的同学）心急火燎地跑来告诉毛泽东："润之，你这次数学和物理又考砸了，在全班排最后，你怎么这样不重视呢?"毛泽东极其认真而又痛苦地说："不是我不重视，真的是理解不了什么二元一次方程。”的确，我们应该相信毛泽东绝对是用功认真的好学生，但他的理科就是不好，甚至在绘画课上，老师让他画日出，他居然只画了一个圆圈就交了卷，但是他的国学、哲学、伦理学，甚至地理、军事等科目却非常出众。他在考取湖南师范大学的时候，同时给肖子升代考，两篇作文竟然同时获得前三甲。这是多么典型的案例，如果我们都用数理化来衡量毛泽东，伟人岂不成了“矮人”？

还有一个案例，离我们很近，就是阿里巴巴网站的创始人马云。马云一共参加了三次高考，第一次数学只得了 1 分，第二次数学只得 17 分，第三次数学用死记硬背的方法勉强考上了杭州师范大学的英语大专。就是这样一个曾经的大学落榜生，通过自身努力创建了全球最大的互联网公司之一——阿里巴巴，并被评为“影响世界互联网进程的 100 个名人”之一。当然，尽管马云在学校里学习很一般，但他的英语口语在当时号称“杭州第一人”，只是高考不考这一项，而且，马云有常人很难及的韧性。请设想一下，20 世纪 80 年代，连考三次大学要顶住多大的压力呀！不像今天，高考观念已经开放很多。这事我问过我妈，我妈说：“如果当时你没考上北航，咱肯定不复读，咱丢不起那个人。”但今天，看马云的成就就知道谁“丢人”了。更关键的是，马云到今天也不会“高科技”，只会上网发邮件，也看不懂财务报表，但这并不妨碍他成功。无独有偶，新东方的创始人俞敏洪也有同样的经历：连考三年大学，最终考上北京大学，但在大学期间学习成绩也是垫底的。

从以上事例我们不难看出：无论是毛泽东还是马云、俞敏洪，都是在人际关系、内省、语言这些智能方面有过人之处，但他们在数理化方面却表现平平，甚至不及普通人。如果用“学好数理化，走遍天下都不怕”这个标准来衡量，这些人岂不都是失败者，但事实却相反，他们都是成功者。所以，成功的第一件事情就是发现自己的优势智能。

回到前文提出的问题，为什么有的孩子弹钢琴弹 8 分钟就不耐烦了，而有的孩子一天弹 8 个小时还乐在其中？这就是因为优势智能的缘故：练 8 分钟就不耐烦的孩子先天并没有音乐方面的优势智能，这源于父母乃至祖父母的遗传基因，如果上两辈子都没有，怎么能指望孩子就具有这种天赋呢？当然，需要澄清一点，这里所讲的优势智能是指超过普通人的水平，如果将来想在某一方面出类拔萃，一定要先了解先天的“储量”。举个例子，我们在采矿之前一定要先探明地下储藏的是金矿还是煤矿，抑或是铁矿，如果地下探明的是煤矿储量大，我们偏要挖出金矿，这只能是事倍功半，劳民伤财，南辕北辙，缘木求鱼（请看这方面成语之多，就能看出历史上这样的例子不少）。挖矿如此，开发孩子的潜能与此同理。奥巴马和李开复是哥伦比亚大学的同窗，可是李开复却对政治学很反感，而对选修的计算机课程相当敏感；相反，奥巴马却对政治情有独钟，最终两人都走上了成功的道路。同班同学的区别尚如此，怎么能强求您的孩子与郎朗一样呢？郎朗的父亲郎国任，虽说只是沈阳的一名普通警察，但他是民乐高手，在沈阳小有名气。郎朗出生后，他发现郎朗很有音乐天赋，（请注意遗传因素在起作用）才不惜辞职，带着郎朗进京拜名师，终于把郎朗培养成一名出色的钢琴家。

说到这，您肯定急了，咱们普通人家的孩子就没法成才了吗？当然不是，毛泽东是农民的儿子；马云的父母也不是大商人，而是评弹艺人；俞敏洪也是扬州普通农家的孩子，这不都是穷人的孩子早当家吗？只不过，他们的成才不是自觉的，而是伴随着社会的发展被世人所认可。随着脑科学的发展，现代人已经非常幸运了，在能量娃儿童学习会馆，我们采用先进的全脑测评，在 5 分钟之内就能测出孩子的优势智能（按智能优势排序）和学习类型（视觉型、听觉型、触觉型），为孩子进行潜能定位，避免家长盲目开发。如果家长对孩子的身体状况想了解，我们还提供基因测评，这样，我们就有可能从小就发现小毛泽东、小爱因斯坦、小巴金、小比尔·盖茨、小毕加索、小姚明，避免孩子走弯路，把被动成才转换为主动成才，把自发转变为自觉，大大降低教育成本、提高成才概率。所以说，要想在赛场比赛成功，先要选好比赛项目，项目选错了，越比越失败；项目选对了，越比越有信心。

我给各位举个真实的案例。我的一个好朋友，在黑龙江某地当教育局长，按说应该非常懂教育，夫妻俩都是学文科出身，在培养女儿的问题上偏偏画蛇添足，让文科极好的女儿读理科，还美其名曰：先学理科，将来可以改文科，如果学了文科就改不了理科了。结果，孩子学得十分吃力，最终厌学，也没了自信，高考时勉勉强强考上了一所普通的理科大学，如果学文科进北大的可能性都有。观念呀，真是观念害死人！一个教育局长尚且如此，在中国不知道会有多少家长在盲目地“逼”孩子成才，这种悲剧可休矣！

在自然界我们都知道，梨树是结不出苹果的，无论是早期心理学分类（多血质、黏液质、胆汁质、抑郁质），还是最新的九型人格都在告诉我们：人与人天生是有很大不同的，看不到区别就不能理解这个世界，在区别的前提下进行成才设计才会游刃有余，否则肯定是处处碰壁。在能量娃儿童学习会馆，我们推出全脑测评服务项目后，没有料到的是，许多父母都来测评。是呀，在我国上哪个学校、选文选理、选专业都是父母包办，三四十岁的人了竟然不知道自己喜欢什么、擅长什么、适合的职业、适合的配偶，全都盲目瞎撞，可悲可叹。2009 年全国竟然出现 600 万大学毕业生找不到第一份工作，这不是社会、家庭的巨大浪费吗？与之形成鲜明对比的是，13 岁就开始编程序的比尔·盖茨、3 岁就弹钢琴的郎朗、5 岁开始打乒乓球的孔令辉永远也不会失业。这就是定向的重要性！

## 为孩子打造成才的能量圈

第二个问题，为什么在北京出现了天价幼儿园？有的幼儿园赞助费一年就要10万元，家长还唯恐报不上名，上幼儿园比上大学还难。蒙台梭利认为儿童启蒙受环境影响，所以，蒙氏教育的载体是儿童之家。在所谓“天价幼儿园”里，有先进的教育理念、优秀的教师资源和科学系统的教育课程，还有音乐教室、舞蹈教室、电脑室、游戏室、运动场等现代化的硬件设施，在这样的环境里孩子们的启蒙是多方位、现代化的。古有孟母三迁，今有高价择园，都是为了孩子有一个好的成长环境和成才平台。我把这种优质成才环境叫做“能量圈”（笔者原创），即吸收成长的能量、发挥和提高个人能力的空间。

能量圈是一种稀缺资源，在任何时代、任何社会都是稀缺的。给家长朋友们举个真实案例，在清华大学东门外有一个龙湖地产投资的号称“中国教育地王”的楼盘——唐宁一号，在金融危机、楼市下滑的背景下，就因为购楼即签约北京市重点小学中关村二小的承诺，单价高达4万多元每平方米，2009年3月一个月就销售了12个亿！它的广告是“当今中国领航者，皆是清华读书人”。

在北京，我认识一个李姓家长，为把孩子送进中关村二小，从朝阳区双井专程跑到中关村，买了二小旁边的高价二手房。的确，中关村二小作为北京市重点小学，确有许多优秀之处。它拥有全国唯一的小学交响乐团——金帆少年交响乐团，孩子们在六年级的时候就可以去维也纳这个音乐圣殿演出，带队的都是中国电影交响乐团的指挥和老师们，孩子们见到的世面确实不一般。

人大附中，作为北京优秀重点中学，校长自豪地说：“人大附中最骄傲的不是每年高考一个班30多人上北大、清华，而是我们拥有150

门选修课。”150门选修课，和一所大学差不多啦。有影视兴趣的可以选择影视选修课，有科研兴趣的可以跟院士交流，中学时就可以参与国家级实验，几乎做到了人尽其才，没有一个孩子不成功。2009年高考，人大附中又一次摘走北京市理科状元的桂冠。

101中学，被日本评价为亚洲环境最美的中学，著名的101网校也是依托该校。它与圆明园为邻，300亩的校园仅足球场就有4个。当我拉着女儿的手漫步在101校园的时候，真是充满成就感和幸福感，101的含义不是第101所中学的意思，而是由郭沫若题写的“百尺竿头，更进一步”的意思，校友中有曾庆红、李铁映、刘淇等党和国家领导人，试想在这样的环境中成长的孩子能没有使命感和成就感吗？2008奥运青年营就设在101中学，奥运火炬最后一棒也是由北大校长许智宏交给101郭涵校长完成传递的，这是怎样的光荣与骄傲啊！2009年高考101中学的刘婷梅荣获文科第一名，这已是101中学连续多年的传统。

哈佛大学出了13位美国总统，清华大学出了朱镕基、胡锦涛、吴邦国、习近平等多位党和国家领导人，有千年历史的岳麓书院造就了朱熹、王阳明、曾国藩、左宗棠、毛泽东……这一切绝非偶然，而是能量圈使然。

由于社会和历史发展的不平衡，优质的教育资源是很难均匀分布的。尽管我们每个公民都要求自己的孩子受到公平的教育，但教育作为一个行业，是有其自身规律的，教育理念、教育内容、教育手段、优秀教师的形成是需要各方投入和历史积淀的。2009年是清华大学98年校庆，我的一位好友回到母校清华经管学院，母校的领导告知他：经管学院的培训收入赶得上一家大型企业的收入。这也难怪，10年前，MBA的学费是几万元，今天已经高达30余万元。但是，企业容易复制，名校却很难，这是需要历史积淀的。所以，我们就更加不难理解，郎朗的父亲郎国任为什么宁肯辞职也要陪孩子到北京求学，宁可借钱也要送孩子到国外参加国际大赛的缘由了，在什么样的能量圈就会获得什么样的能量！

需要特别指出的是，能量圈分为有形和无形两部分，有形的是看得见、摸得着的实物，无形的是看不见、摸不着的观念。作为教育家，蒙台梭利强调无形能量圈对孩子潜移默化的熏陶作用。在能量娃儿童学习会馆，我们针对独生子女的身心特点，为孩子们打造了一个完全不一样的能量圈，以培养信念、活力、创造三维价值观为核心教育理念，为孩子构建无形的能量圈。信念是德育的终极目标，在金融危机到来的今天，温总理到处在讲“信念比黄金更能挽救危机，希望像灯光一样照亮黑暗”，近年来《于丹论语》热恰恰反映出今天人们对传统价值观的需求，2009 年高考北京作文题目《我有一个隐形的翅膀》，强调的也是信念的重要性。当年毛泽东带领 800 人上了井冈山，发展到 8 万人，经过长征红军只剩下 8000 人，最终还是打败了国民党 800 万军队，靠的就是坚定的信念。今天的独生子女，成才了就是百分之百成才，不成才就是百分之百不成才，自私、脆弱、娇惯等极大影响着孩子的发展、家庭的和谐。“能量娃”专门为孩子开发了“能量娃心经”信念课堂，从心灵的志向、力量、和谐等维度塑造孩子的品性，从小种下信念之根。

体育、美育的终极目标是活力。我们知道在北京奥运会结束后，又举办了残奥会，如果体育的目标仅仅是体现人类运动极限的话，那么又如何解释残奥会运动员那一幕幕感人的瞬间呢，运动的价值在于活力，在于展现生命的美与力。2009 年初中升高中，体育由 30 分升为 50 分，充分说明体育代表活力日益受到国家的重视。“能量娃”推出了武术操“看我动天下”，音乐“乐海冲浪”和“画海冲浪”极大开发出孩子的活力能量。

智育包含的内容很多，有记忆力、理解力、专注力等，但最终的高级目标是创造力。江泽民曾说过“创造是一个民族进步的灵魂”，胡锦涛也曾说过“要建立学习型社会”。今天的“中国制造”已经变为“中国创造”，大学生就业已经变为大学生创业，高考越来越朝向个性化、创造力方面进步。事实上，今天社会各领域都在创新方面竞争。10年前，如果你是北大、清华毕业生，用人单位肯定会抢着要；今天，怀揣着名校、海归证书的精英也要接受核心价值测试，如果你没有独特的创新能力，不能为单位创造新价值，一样会面临失业下岗的窘境。没有创新能力就等于没有就业能力。“能量娃”推出的创新课程体系涵盖识字、数学、英语、心算、阅读等内容，以大量动手、互动、直观的学习方式，为孩子打开想象力、创造力的大门，从小就让孩子们以有创造力、

想象力为荣。

以能量娃的“字海冲浪”课程为例，孩子们完全可以做到举一反三、融会贯通，3岁的小朋友在半年内可以玩会2500个常用汉字，依靠的就是孩子们的想象力和创造力。

信念、活力、创造构建了能量娃的核心能量，如同清华的校训“自强不息，厚德载物”一样，深入孩子们幼小的心田，润物细无声，为孩子们健康成长打下信念、活力、创造的基石，为孩子们奠定无形的能量源！

无形的能量圈如此重要，有形的能量圈也不能忽视。我们为孩子们设计了能量王国、能量树、能量船、能量岛、能量哥哥、能量妹妹、能量国王、能量大臣等情景化的环境，让孩子们沉浸在童话中，孩子们之所以喜欢奥特曼、蜘蛛侠、超人是因为孩子们都是独生子女，渴望玩伴儿，渴望超能量的偶像。

## 教育的关键在于早和巧

第三个问题：为什么郎朗3岁开始弹钢琴终成青年钢琴家，孔令辉5岁开始打乒乓球成为奥运冠军？这实际上是教育的时机和教育的方法问题，教育的时机关键在于早，教育的方法关键在于巧。在两者之中，对于孩子来讲，早比巧更重要！

为了说明这个命题，我们给大家讲两个正反案例。先说反例：大家都知道印度狼孩的真实故事，孩子刚出生时就被狼叼走，结果，当人类学家发现时，他就跟狼一样发声和爬行，像狼一样爱吃生肉。在这里，我们需要澄清的概念是，我们常常认为孩子到了一定年龄就自然而然地会说话，会行走，但从狼孩的实例中我们发现这不是事实。尽管它很极端，但完全可以颠覆我们原有的认知。再说一个正面案例，很多家长可

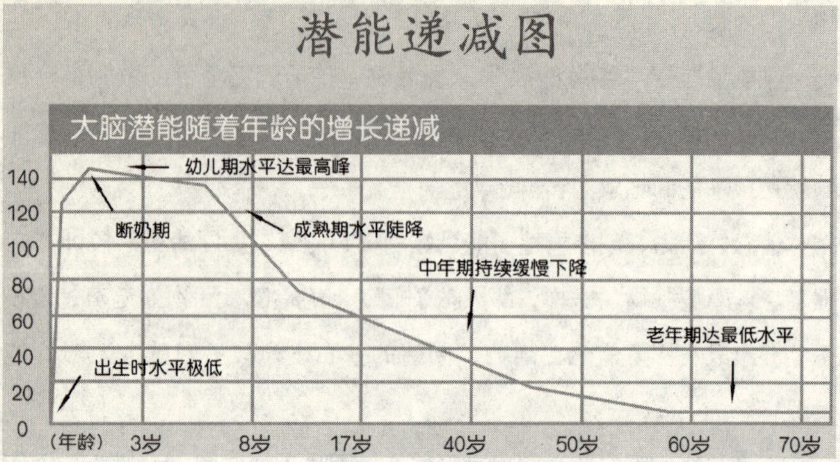


能就不了解了。2005年，据中新网报道：日本二战时有两个老兵，上演了日本版的《集结号》，他们在棉兰老岛上没有听到部队撤退的命令，留在原始森林里，二十多年后才被日本官方发现，被救回日本。经过不到一个月的恢复，他们便跟常人一样穿西装、打领带了。这个案例和狼孩的实例放在一块儿形成鲜明对比：同样都是远离人类社会，为什么结局不同？这是因为两个日本兵是在成人后远离人类社会的，而狼孩一出生就离开人类，说明人类的能力发展有一个关键期。

现在我再跟您介绍早教的三大定律：一是卡尔·威特潜能递减法则，他认为人的潜能是随着年龄的增长而递减的，出生时如果人的潜能是100%的话，从5岁开始教育，即使教育得再出色，潜能也只能开发80%的潜能；从10岁开始教育的话，即使教育得再出色也只能开发60%的潜能。教育开始得越晚，潜能开发的程度越低。《哈佛女孩刘亦婷》的妈妈就是受到卡尔·威特的影响，从孩子一出生就开始了启蒙教育。第二个法则，布罗姆黄金期法则认为：人类智能8岁前奠定了80%，这与中国古谚“3岁看大，7岁到老”不谋而合。这说明我们人类的智能有黄金天窗期。第三个法则，蒙台梭利符号敏感期理论认为：

3 岁前大脑是神经元快速发育期，从 3 岁开始孩子进入到符号敏感期，对数字、文字等符号开始发生浓厚兴趣。

以上两个实例和三大法则告诉我们：教育开始得越早越好，3 岁是分水岭，孩子进入符号敏感期。

根据上述三个问题的回答，我们可以列出一个关于成才的公式：

**成才取决于能量 E = M × C × C**

**这里 E 是能量 energy 的缩写，M 是质量 mass 的缩写，指的是优势智能，第一个 C 是圈 circle 的缩写，第二个 C 是速成 crash 的缩写，即人的能量 = 优势智能 × 能量圈 × 速成，更清晰的表述是成功是优势智能在时空影响力的总和。**

笔者曾将这一公式向高成华教授请教，高教授作为中国优生优育协会副秘书长，儿童脑潜能开发专业委员会主任委员，北京大学言语听觉研究中心专家委员会副主任委员，对这一公式给予了这样的评价：公式中优势智能与遗传研究中的先天因素是吻合的，它在成才过程中起了 50% 的作用；“能量圈”与脑后天发育的环境观点吻合，占到另外的 50%；最后，“速成”就相当于关键期理论的另一个角度，是指许多能力都有生成敏感期，过了这一天窗期，这一能力便无法形成，速成强调了早和巧的统一。

孩子在某一年龄段，特别容易建立和发展某一能力或行为，一般称这一年龄段为孩子发展该种能力或行为的敏感期。就人的智力发展而言，敏感期中一年智力的发展相当于非敏感期的 8 ~ 10 年。如果以 17 岁作为智力发展的 100%，4 岁可达到 50%，7 岁达到 80%，8 ~ 17 岁达到 100%。这就是说，人的智力的一半是在 5 岁以前发展起来的。因此，发展孩子的智力应抓住 0 ~ 5 岁这一敏感期。

婴儿 6 个月时是学习咀嚼的最佳时期。这时可添加奶以外的食物。

这样一个月后，他就能伸手抓住东西；2~3岁是学习口头语言的最佳时间；2岁半~3岁半是教育孩子遵守规则的敏感期。父母应高度重视这个阶段，这一时期儿童养成的习惯将影响他的一生；4~5岁是学习书写的最佳期；3~6岁是学习外语的最佳时期；5~6岁是掌握数概念的敏感期；6~7岁是书面语言发展的敏感期。

掌握孩子能力发展的敏感期，适时给予恰当的教育，不仅可以使孩子轻松主动地接受新的知识，而且可以大大促进孩子的智力发展，使之终生受益。由此可见，能量公式中的“速成”恰恰与敏感期理论相吻合。

说到这里，我们又不难发现：E=M×C×C这一公式又暗合了爱因斯坦的能量公式，这是十分令我骄傲的发现。大家知道，爱因斯坦的能量公式是近代物理学的奠基石，物理是研究物质结构、物质相互作用和运动规律的自然科学，但与社会科学也有共通之处，比如，物理中的“同性相斥，异性相吸”与人类社会男女交往规律是一致的；再比如，物理中的“势能转化为动能”与《孙子兵法》中“择势而任人”也是一脉相通的。老子说“道法自然”不就一语道出天下之理相通的道理嘛。

事实上，许多新的理论和学说的诞生都是不同学科碰撞的结晶，信息学与工程学相结合诞生了信息工程学；环境学与社会主义理论相结合产生了环境社会主义，据说这一学说在德国非常盛行，当今我国年轻的环保局长潘岳就是这一理论的信仰者；教育学与心理学相结合诞生了教育心理学……那么作为近代物理学与教育成功学相结合诞生能量教育理论也就不足为奇了。之所以许多奇迹是外行创造的也是这个道理，记得在北师大参加中国高端园长进修班，一位浙江公立幼儿园的老园长对我说：“我们这一行太需要一批高素质的外行来冲击一下了，带来全新的视角，否则就是死水一潭。”

我们检验一种理论是否科学，关键在于那句话“实践是检验真理的唯一标准”。我们现在用能量教育的独特视角来解析今天成功人士的秘籍，为了说明方便，我们以大家非常喜欢和熟知的两位名人赵本山和姚明来做例子。

第一，我们先说优势智能。赵本山演小品是天才，全国人民一年到头就盼着春节晚会那10分钟，这种情况已经持续了20年，但如果让赵本山去打篮球，肯定没人看，是公认的“蠢材”。同样，姚明打篮球是公认的天才，但如果让姚明演小品肯定非演砸不可，这就是优势智能问题，正所谓“骏马犁田不如牛，宝剑砍柴不如斧”，这个道理一说您就懂。但现实生活中，犯这种定位错误者大有人在。我曾经在央视李咏主持的“非常6+1”节目中看到两个活生生的案例：一位是即将毕业的大学生刘鹤（化名），他的父亲叫刘文喜。父亲从事的是曲艺工作，曾跟黄宏等大腕同台演出。但也许是人生阅历的总结，一定要让儿子读法律。但儿子特别喜欢上台表演，而且经过智能测试，儿子在数理逻辑上得分才10分，而在形象思维、语言表达上得分76分，典型的偏才类型，恰恰不适合学法律，天生适合搞表演，可是他父亲却非让他学法律不可。我在节目中看到有一个细节：刘鹤用说快板的方法背法条，真是啼笑皆非，这位父亲太不懂优势智能的道理了。其实，行业本无所谓高低贵贱，关键是孩子有无这方面的天赋，否则，竞争不过别人，将来生活也不会开心，又何谈成功与幸福呢？试想如果当初让周润发去学法律，这个社会上顶多多了一个蹩脚的律师（事实上，发哥最高学历是中学毕业，读书肯定不是一块好料），这世界上怎么会有一个“天皇巨星”呢？跟这个苦恼的刘鹤相反，节目中，还有一个开心的女大学生，名字记不得了，只是知道她是网上炒得很火的“大学生船娘”。这个女孩是学日语的，毕业后自愿在扬州当上了划船导游——船娘，一个月收入三千多元，她说："我就喜欢扬州瘦西湖，每天摇着船给游客讲解，非常开心，收入也不菲。"这就选对了行业。昨天又看到报纸公布，今年高考的报名率首次出现下降，很大原因是大学生就业难造成的。许多家长不再盲目让孩子上大学，让孩子学一门职业特长将来更好就业。事实上，我们终于从高考一元化的成才路上走向多元化成才选择，这绝对是一种进步！这也符合优势智能的理论。

第二，我们来探讨能量圈对成才的价值。还是以赵本山为例，如果他是在铁岭演出，顶多是一个东北地方笑星，可由于上了春节晚会，就成为全国人民心中的笑星。他的徒弟"小沈阳"也是在2009年春晚一炮走红，赵本山还是赵本山，"小沈阳"还是"小沈阳"，怎么变化这么大（为什么呢）？这就是能量圈发挥的作用。一个人如此，任何产品都如此，一瓶可口可乐放在超市里卖，最多3元一瓶，但放在五星级香格里拉酒店就要50元一瓶，产品本身变化了吗？没有，是产品的空间背景放大了，立刻就身价倍增了。

再以姚明为例。如果姚明仅仅是在中国打球，最多是中国小巨人，但姚明去了美国NBA，就成了全世界公认的超级中锋，每进一个球按美元计算。姚明变了吗？没有，是姚明的能量圈变化了。所以，许多家长不明白为什么有些家长拼命为孩子选择名校、参加国际大赛，看了能量圈概念你就会豁然顿悟。今天是地球村时代，今天是互联网时代，不出国、不上网你的能量圈就有限，不给孩子选择好的启蒙机构，孩子的能量从哪里来？有些时候，我们很难理解一些人的成功竟是如此"迅猛"，如果李彦宏、张朝阳们不是去了美国，怎么会有后来百度、搜狐的诞生。与鹰在一起飞的不是一般的鸟，鼓励孩子在全球化的范围里选择自己优势智能的能量圈就是成才的保障。郎朗的父亲非常明白这一点，从沈阳到北京，从北京到国外，一步一步为孩子创造了全球化的能量圈，这是眼光和行动力。

### 择商决定孩子发展的高度

其实，我所说的能量圈几乎无处不在，与此相对应的另一个概念就是“择商”，这是笔者的发明。近年来，人们越来越发现，社会上的成功，智商不起决定作用，情商占85%的因素，但我们进一步研究发现这样的事实，在大学里，为什么智商、情商都差不多的同学，20年后发展仍旧有很大不同，关键在择商。我是这样来定义“择商”的：所谓择商就是把优势切入到更大能量圈的能力。这里面首先要明确两个条件：一是优势，二是切入。优势就是知己，切入就是知彼。知彼也分为主动与被动，主动就是毛遂自荐，被动就是伯乐相马、大器晚成。在今天这个高度竞争的社会，主动性是非常可贵的能力，原因是每个人都在追求个人成功和幸福，今天的优势发挥不出来就是明天的劣势，常言道：“时势造英雄”，切入时机非常重要。

马云不是一个高科技天才，但是他是一个择商天才，用马云自己的话说就是“瞎子骑上了老虎”，选对了互联网，又结识了孙正义，才有后来的阿里巴巴。俗话说：“男怕入错行，女怕嫁错郎”，都是在强调选择的能力。一个每况愈下的行业，如污染严重的汽车行业（美国百年通用汽车都申请破产），即使马云进入，又能翻出多大浪花呢？能量圈的选择关乎成败，择友、择师、择偶、择业处处要慎重，要按高标准才会有大成功！

常言道：“良禽择木而栖，忠臣择主而仕。”择商是否与情商是一个概念吗？不是一个概念，情商强调的是在一个平面环境中，人作为个体对自我的反省能力和与他人的相处能力，尤其强调人际关系的和谐能力，择商与情商最大的不同是对新环境的选择水平，很可能一个人脾气很大，智商很高，情商却有点低，但如果择商优秀，一样可以成功。朱镕基总理，用小平同志的评价："他是不会给别人做助手的"，但他的择商很高，从上海市长做到共和国总理；比尔·盖茨，据说他的智商很高，情商一般，不太会与人相处，但其择商极高，战略眼光极佳，也成就了微软帝国。择商更是一种转换环境的能力，一种跳跃能力，而情商却是平面的。前者是一种战略眼光，后者是一种适应能力，属于战术层面。

当今社会处于高速发展、快速竞争状态，择商的高低直接决定了一个人发展的高度。人的一生发展机会有多少？这个问题，我们小时候常常会有极天真的答案：无数个吧。其实，人的一生只有5次机会：0～22岁是择教的机会；22～30岁是择偶的最佳期；30～40岁是择业的最佳期，许多招聘企业都要求应聘人35岁以下；40～50岁是择行的机会，也就是通常所说的创业；50～60岁是择生的机会，由于以往的积累，选择何种生活方式度过晚年。在这些关键性的选择中，我们大多数人都未准备好，匆忙中随波逐流，平庸中过此一生。

有一句顺口溜说得非常好：20岁看学历，30岁看能力，40岁看阅历，50岁看财力，60岁看体力，70岁看病历，80岁看黄历。还有一句话说得也很形象，想要了解一个人的性格只要看他两个最好的朋友就知道了，想要了解一个人的财力，只要用他5个好朋友的财务水平一平均就知道了，这都说明了择友的重要性。亚洲首富孙正义，在他16岁的时候，对开杂货店的老爸说："我要去美国留学。"其择教的理念觉醒之早令我辈侧目。在他22岁返回日本的时候，浏览了近千本书，决定进军互联网。当他投资杨致远的雅虎时，创始人杨致远本人都没有投资人孙正义的信心大，足见其眼光的独到。看看我们普通人16岁刚上高中，

22 岁想找份糊口的职业。至于选择什么职业，能找到工作就烧高香了，什么行业有前途，是朝阳产业还是夕阳产业，有多少孩子能分辨出来呢？

今天，我们的社会出现的剩女现象充分说明在女少男多的背景下，许多智商、情商很高的女孩子缺乏择商。择偶是有关键期的，女孩要比男孩成熟早，以 7 岁为周期，21 岁即进入生育期，男孩是 28 岁。许多优秀的白领丽人受到良好的教育，对自己一路严格要求，各方面都很优秀，交际面却很窄，看见别的同学谈恋爱，想起妈妈的话，远离男人做淑女，结果，收入越来越高，可年龄越来越大，眼光也越来越高，最后，高不成低不就成了剩女。女孩一旦错过 30 岁，如同玫瑰过了绽放季一样，择偶会渐失优势，对生育第一胎都有影响，而我们的教育在这方面是有严重缺失的。其实，在这些方面，学校教育本来就不可能涉足，因为是家事，家长很早就应给孩子传递正确的择偶观。为什么宋氏三姐妹择偶观空前一致，与他们父亲平时的教育有关。一件关乎一生幸福的大事，要一个没有阅历的小女孩去抉择该是怎样的风险与挑战啊？今天，我有机会就跟女儿讲，女孩子要正确对待交友，要学会与男孩子相处，20 岁左右一定要谈恋爱，25 岁就要结婚，28 岁前一定要生育宝宝。选男朋友的标准就是用能量公式：一看优势智能（人品 + 才能 + 身体），二看能量圈（全球化视野、择商水平），三看速度（学习的能力）。

我们做家长的在人生阅历上要比孩子丰富得多，一定要帮助孩子做好选择，尤其是 0 ~ 6 岁，孩子什么都不懂，一张白纸，择商几乎是零，可家长如果也是零的话，孩子一定会被耽误。在女儿婷婷的小学同学里有这样一个家庭，父亲是公交车司机，母亲是公交车售票员，家住在望京，为了儿子每天由望京骑车 1 个小时到中关村二小。为了上好中学，妈妈鼓励儿子学大提琴，6 年苦练一首曲子，在小升初的考试中，以特长生身份考上北京最好的中学之一人大附中，令许多高知家长瞠目结舌。父母智商、情商都很一般，但在孩子求学的择商上却棋高一着。因为他们知道，自己之所以平凡庸常就是因为在儿时的生活中没有抓住求学的能量圈。“穷不过三代”说的就是这个道理。

择商与机遇、运气也不是一个概念，如同在足球场上偶尔踢进一个球，难免是运气，但场场有进球就是择商高，说明能够抓住机遇、驾驭机遇，能够掌控进球的规律，所以择商高并非是让你投机取巧，而是审时度势、脚踏实地，在充分把握规律的前提下果断抉择。上面案例中的家长就是充分把握特长生要拉好一首曲子的规律，6 年来苦练一首曲子，炉火纯青，而许多家长 6 年让孩子练 60 首，没有一首是代表作，当然很难切入好的能量圈。正所谓“一招鲜，吃遍天”，“样样通，样样松”。

下面我们来谈一下能量公式的最后环节：速成环节。速成强调早和巧，早是指时机，巧是指方法。先说“早”字：赵本山如果今天才上春晚，说不定还达不到“小沈阳”的水平，弄不好就相当于一个模仿秀。姚明现在才去美国打球，说不定打不过易建联。如果今天再有人说要创办门户网站，恐怕吸引不到风投的关注！这就是先机优势。

“巧”说的是科学方法，也非常关键。北京到上海有多种走法，步行要一个月，坐火车要一天，坐飞机一个小时就到了，这里的区别就是起步晚可以起点高。但如果能够做到起步早、起点高那对成功就是绝对保障。丁俊晖打台球获得世界冠军，这是丁爸爸的慧眼独具，也是从小开始练习，又带他去英国学习，否则，街边的台球房怎么会培养出世界冠军？这是起步早、起点高的范例。

许多家长只是羡慕别人孩子的成功，却没有看到孩子家长背后的付出。我们成人都知道贵人相助，其实，孩子是家长的天使，家长是孩子的贵人，是孩子一生中第一个伯乐。我非常欣赏《我的事业是父亲》作者蔡笑晚的观点："当许多家长还在犹豫，争论该不该教会孩子识字、心算的时候，我们的孩子已过了识字关和数字关；当许多家长为孩子一点小小进步接受鲜花和掌声的时候，我们已经让孩子为下一个伟大目标前进了。"

对孩子早期启蒙，这不可能是孩子的自觉，这只能决定于家长的早教观念，家长没有这个意识，或接受了错误的观念，必将导致孩子起步晚或起点低。俗语说得好："早起的鸟有食吃"，"笨鸟先飞"，我们家长应明白这个道理，为孩子成才早作准备。中国成语中"凡事预则立，不预则废""居安思危""未雨绸缪""人无远虑必有近忧"等讲得都是提前准备的重要性。

能量公式不仅揭示出了个人成才的奥秘，同样适用于企业的成功！全球最大的两家计算机巨头，一个是软件界的"微软"，另一个是硬件界的"英特尔"，微软紧紧抓住操作系统这一优势智能，以全球计算机为能量圈，不断提升运行效率，以速成为使命，WINDOWS 操作系统不断升级，最终成为市值最大的公司，5000 亿美元的市值甚至相当于整个韩国。尤其可贵的是："微软"专注于"视窗"，其他基础软件、应用软件均"视而不见"，终成一代霸主。事实上，以微软的实力做这些软件会十分轻松，但微软决不分心。"英特尔"也一样，它专注于芯片，不断提升芯片的运行速度，以全球计算机为能量圈，由最初的 286 升级到今天的"双核"，市值已达 3000 亿美元。另一个反例 SUN 公司，它与"微软""英特尔"同一时代，但它什么都做，操作系统、应用软件、基础软件、芯片全部涉足，它的市值却只有 200 亿美元。因为它没有集中资源将优势智能放大，不断升级，违反能量定律。所以，能量有限，"微软""英特尔"不是不能，而是不为也。

今天成熟的风险投资考察投资对象时，主要考察的也是3点：一是团队，即优势智能；二是发展模式，即能量圈，也就是通常所讲的市场有多大；三是看速度，也就是回答“谁跑得最快?”“为什么是你的团队?”的问题。为什么互联网企业受到强烈追捧，原因是互联网具有全球化的光速特征，任何传统产业一旦与互联网结合就会在能量圈和速度上获得超能量！

通过能量公式对以上案例的分析，我们可以肯定这样的结论：成功绝非偶然，而是有规律可循，能量公式是对成才规律、成功模式的一种揭示，具有视角独特，简单实用的奇效。不仅为早期教育，甚至为我们的许多重大决策，提供简单有效的科学决策依据。

## 第二节　能量教育为中国娃量身打造

央视大型历史纪录片《大国崛起》一经播出便引起全球热议，有观点认为：中国将崛起为一个大国，这是21世纪国际关系中最为确定的发展趋势之一，全球经济、政治、外交、文化等领域无不闪耀着中国人的身影。但我们的发展道路并不平坦，充满着荆棘与陷阱：悠久而灿烂的中华文明正在经历着西方文化的强烈冲击；中国制造行销全球，但贸易壁垒越来越坚固；全球市场充满机遇，但面临更多挑战；廉价的代工只能是我们赖以生存的手段，不是中国能够和平崛起的大国之路。中国文化的缺失导致西方文化日益侵蚀，我们所经历的种种困境无不在呼唤中国文化的崛起、中国精神的崛起。

党的十七大报告明确提出人才战略：优先发展教育，建设人力资源强国；弘扬中华文化，建设中华民族共有精神家园。中华文化是中华民族生生不息、团结奋进的不竭动力。要全面认识祖国传统文化，取其精华，去其糟粕，使之与当代社会相适应、与现代文明相协调，保持民族性，体现时代性。加强中华优秀文化传统教育，吸收各国优秀文明成果，增强中华文化国际影响力。

当今的中国是崛起的中国，也是信念的中国、活力的中国、创新的中国。一个有社会责任感的企业应该很好地将社会价值、机构价值、个人价值有效地统一起来，通过我们的努力培养社会未来发展所必需的人才，而非随波逐流。我们要培养的人才是未来中国发展所需要的人才，根据目前早教市场的现状，我们提出了信念、活力、创造的早教理念，以为 0～8 岁处于黄金期的孩子充足一生的能量为宗旨，从孩子的天性入手，以“发展后劲足”为目标，以能力培养为核心，以思维训练为导向，做到了潜能显效相统一、能力量化的启蒙教育至高境界！

中国是有着悠久文明史的大国。我们有丰富的早教资源，当美国好莱坞把《花木兰》《功夫熊猫》拍成大片的时候，我们不禁感到汗颜，今天的中国人真是“端着金碗要饭吃”！我们自己的孩子完全可以得到最好的早教，难道《西游记》不比《迪斯尼》更有想象力吗？所以，一定要坚信：民族的才是世界的。能量教育就是从这一点着手，用汉字、珠算、国学这些经典教育手段加以现代化改良，适应中国的特色。1988 年，在巴黎一群诺贝尔获奖者共同发布一个世界性宣言：21 世纪，人类进入中国孔子的时代！我们迎来了伟大民族复兴的时代，而民族的复兴首先来自文化的复兴！中国是人口大国，我们如何将人力资源大国转化为人力资源强国，作为一个负责任的大国这也是对世界的承诺，更是教育者的使命，能量教育就是以复兴中国为愿景，强国梦是能量娃的永恒动力！

虽然中国各地的文化经济发展不均衡，但科学的早教理念应该可以适应全国各地的差异。能量教育提出的早教解决方案下到河南洛阳的渑池县，上到首都北京的高档社区，从清华的博士后到北大毕业的海归家长，得到各个阶层家长由衷的认同与欢迎！

## 信念课堂培育大国雄魂

2008 年，全球爆发了百年一遇的金融危机，温家宝总理在不同场合多次强调："信念比美元、黄金更重要！"早在两千多年前，孔子也称："民无信不立"。信念是中华民族核心价值观的集合（霍力岩教授的说法）。

今天的独生子女，成才了就是百分之百成才，不成才就是百分之百不成才，自私、脆弱、娇惯等极大影响着孩子的发展和家庭的和谐。我们在媒体上不断看到这样的案例：一个中学男孩就因为妈妈的唠叨居然将亲生母亲杀害；一个初中男生躲在女老师家访的路上将其勒死在山后；一个女孩就因为没有考上理想的高中而离家出走；一个博士生竟然被人用小利为诱饵拐卖；北京外国语学院的一个女生居然因为与同室的一个女生发生一点口角，举刀杀害了同窗；清华的一个男生在北京动物园竟把硫酸喂给了大灰熊……这样的例子让教育者反思：信念教育绝不能等！正如孔子在《论语》中说的"弟子入则孝，出则悌，谨而信，泛爱众而亲仁。行有余力，则以学文"。大意是：孩子在父母身边就要孝顺父母，离开家就要敬爱兄长，做事要谨慎，说话要有信用，要广泛爱护众人，在此基础上，如果还有余力，就要去学习文化知识。可见，大教育家孔子是将信念教育放在一切教育的首位，而文化知识等排在后面的。许多国外的早教理论让我们尊重孩子的自由天性，这是建立在不同国情前提下的。试问，全世界只有我们国家采取了计划生育，在家里

6个大人在围着1个孩子转，在幼儿园里所有老师也是把孩子当成小皇帝，这样培养出来的孩子不懂规矩、自私霸道，难道不是必然吗？所以今天，当第一代80后的独生子女结婚后，闪婚者特别多，这其中一部分原因与独生子女个性强，以自我为中心，整天以个人喜好为半径画圆，不会与他人相处，是有很大关系的。

我已过了不惑之年，亲身经历或是看见过许多沉浮荣辱。在为孩子树立理想的时候，以前我们总是告诉孩子将来要当总统，但我们发现总统中也出现了中国台湾的陈水扁、秘鲁的藤深、伊拉克的萨达姆这些或在狱中了却残生或不得善终的总统；我们曾希望孩子将来当富豪，但在富豪中我们也看见了黄光裕、周正毅、唐万新，这些落马富豪的生活竟不如平民百姓，我们知道了富豪也有守法和违法之分；我们希望孩子将来创业成为企业家，后来我们竟看到三鹿奶粉的丑行……归根结底，我们要教会孩子做人的道理，告诉孩子做人才是根本。否则，人生的价值只能是负分。在能量娃儿童学习会馆开张时，我经常问前来听讲座的家长朋友们："培养孩子哪些方面最重要？"令人欣慰的是，好多地方的家长都把品德教育放在首位。在上海会馆，现场的所有家长都这样的认识，真是非常感人。看来不是家长不重视，而是我们教育的方法跟不上时代的要求。温家宝总理作为最重视教育的当家人，以他的阅历和经历告诫我们：教师一定要有爱心，做人一定要有道德……我在对孩子的教育上，一直鼓励孩子们要多与同学沟通，多与家长、老师沟通。举一个小例子，哥哥阿海有一个习惯非常好，就是不管到哪里，都给家里打来电话，如果收到家人的短信，一定马上回复，妹妹婷婷就在这一点上不如哥哥，我就经常提醒妹妹，一定要体谅家人的担心和感受。

说到这里，想起前不久《京华时报》的一位记者朋友电话采访我，请我谈一下国学教育对孩子成长的重要性。我感触很深，希望年轻的父母一定要重视传统国学对孩子做人的指导。但是，国学教育的效果往往很难马上看到，由于急功近利的社会风气，许多家长不能够坚持对孩子实施国学教育。实际上，人类社会的进步主要体现在科技上，在人的社会性方面，更多的是人性的轮回。我们今天的许多社会现象，在两千多年前先贤们就有了良药。所以，国学是传统中的经典，是中国先贤为人类作出的特殊贡献，永远不会过时。它可以让我们现代人浮躁的心灵平和下来，对我们文学、道德修养都是极为有益的，甚至对于我们发展经济也是有良好促进作用的。亚洲四小龙包括日本在内，经济上的腾飞都与推崇儒家思想有关。

《论语与算盘》是被誉为“日本企业之父”“日本现代文明创始者”的涩泽荣一所著。出身于半农半商的荣一 6 岁时开始启蒙，接受教育，先后读了《三字经》《孝经》；7 岁时又开始学习《论语》《大学》《孟子》《中庸》等，这些为他奠定了深厚的儒学基础。1869 年下海经商，一生创建企业 500 余家，建立了日本的近代银行、工商、教育等各种组织架构和制度规范，在《论语》的“义利之辩”基础上建立了一套完善的日式产业伦理，形成论语 + 算盘的义利合一思想，伴随着整个日本现代化进程。

许多官员、企业家之所以中途落马，都与他们国学修养、道德修为不够有关；许多人大器晚成，例如海尔的张瑞敏、联想的柳传志都是在人到中年才渐入佳境，不能不说他们的国学道德修为都是达到相当境界的。

信念对于一个人是指路的灯塔，甚至对于一个球队也是取胜的关键。在中国足球充斥假球丑闻的背景下，2010 年春节前，高洪波率领的中国队在日本举行的东亚四强赛上，3:0 击败韩国，打破 32 年逢韩必败的魔咒，扬威中华，也让国人重新恢复了对国足的信心。后来经过采访，我们得知年轻的小球员和年轻的总教练就是抱着必胜的信念，以初生牛犊不怕虎的高昂士气击败韩国，为虎年的中国人鼓起了虎虎生威的骨气。从这个案例中，可以看到小队员没有包袱更容易产生高峰体验。小到一个人、中到一个球队一个企业、大到一个国家一个民族，只要有信念就有希望，从小有信念，一生就会充满希望！

信念能量积累的最好捷径就是高峰体验和早期价值观念的灌输。幼儿期是儿童个性、品质形成的重要时期，这段时期除了智力智能的开发也是培养孩子爱心、同情心的重要时期和关键期。儿童心理学研究表明，善良和同情是孩子的天性，作为天性的爱心仍然需要通过外界环境的激发才能得以维持，才能真正成为每个人的持久的、稳定的情感特质。孩子的心纯洁无瑕，蕴藏着一个巨大的情感空间，需要我们去发掘，释放他们纯洁的爱，培育孩子的情商，让孩子在人生的奠基阶段，打下坚实的情感基础。爱需要引导，更需要行动。

能量教育第一次将信念教育作为幼儿的必修课，以儒家道德观念为重要指导方向，研发出独有的《能量娃心经》，从心志上培养儿童远大的心灵志向，从心力上培养儿童坚定的心灵力量，从心性上培养儿童和谐的心灵品性，通过阅读、背诵、角色扮演、朗诵等幼儿喜欢的方式从小为孩子们的心灵种下信念之根，在孩子心灵成长的初始阶段，把对生命的珍惜，对他人的尊重，对亲人、老师的感恩，这些基本价值观第一时间镂刻到心灵里。我在山东东营演讲的时候，当地最大的培训机构海培学校的校长张海说："能量教育的能就是指信念，量是指潜能的外化，如此独特的课程在全国是首创！"这是对能量教育的深刻理解。

孩子们通过在信念课堂的学习，在潜移默化中将儒家思想与时代精神相结合，把诚意、正心、修身、齐家、治国、平天下的人生理想埋在孩子们幼小的心灵中，构建其君子底蕴。

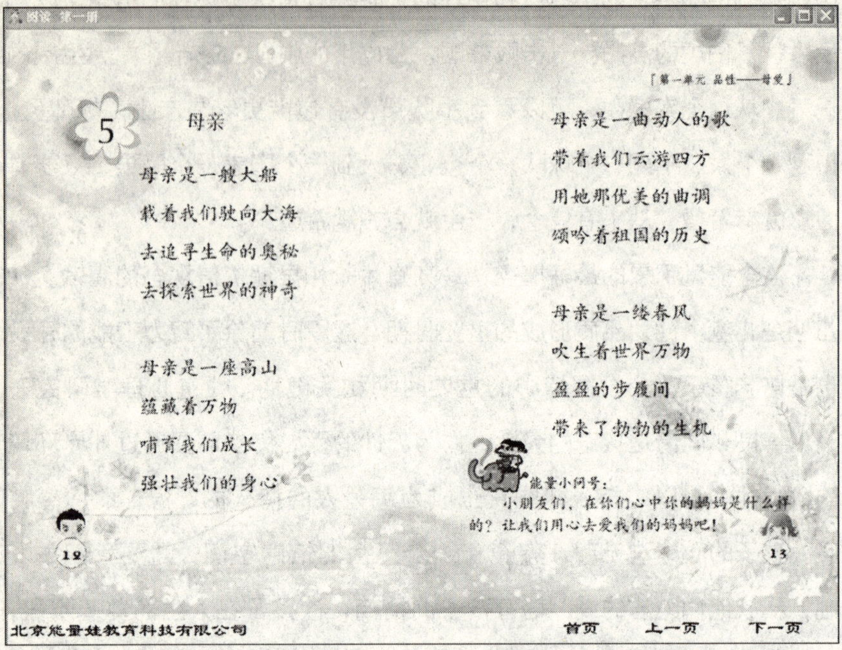
阅读 第一册

「第一单元 品性——母爱」

5 母亲

母亲是一艘大船
载着我们驶向大海
去追寻生命的奥秘
去探索世界的神奇

母亲是一座高山
蕴藏着万物
哺育我们成长
强壮我们的身心

母亲是一曲动人的歌
带着我们云游四方
用她那优美的曲调
颂吟着祖国的历史

母亲是一缕春风
吹生着世界万物
盈盈的步履间
带来了勃勃的生机

能量小问号：
小朋友们，在你们心中你的妈妈是什么样的？让我们用心去爱我们的妈妈吧！

12 13

北京能量娃教育科技有限公司 首页 上一页 下一页

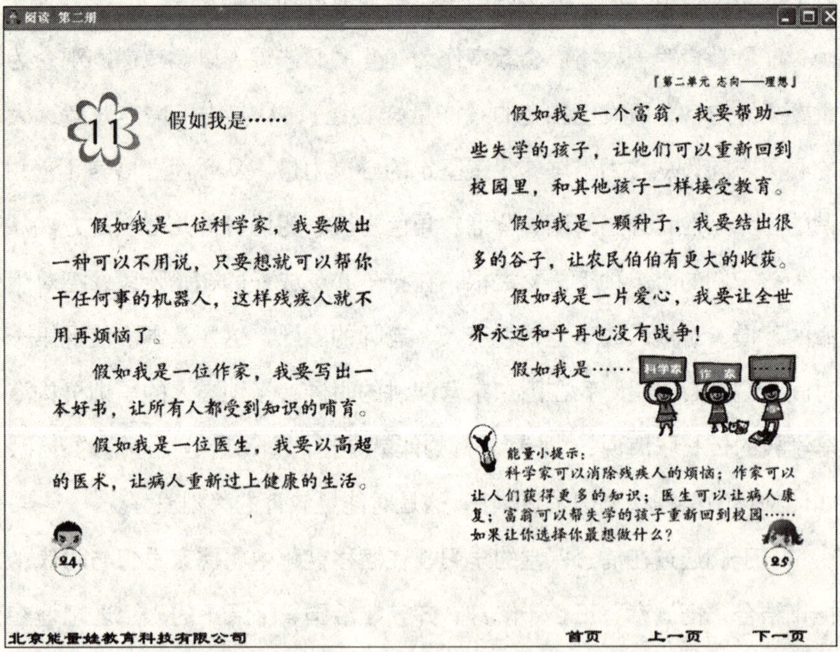
阅读 第二册

「第二单元 志向——理想」

11 假如我是……

假如我是一位科学家，我要做出一种可以不用说，只要想就可以帮你干任何事的机器人，这样残疾人就不用再烦恼了。

假如我是一位作家，我要写出一本好书，让所有人都受到知识的哺育。

假如我是一位医生，我要以高超的医术，让病人重新过上健康的生活。

假如我是一个富翁，我要帮助一些失学的孩子，让他们可以重新回到校园里，和其他孩子一样接受教育。

假如我是一颗种子，我要结出很多的谷子，让农民伯伯有更大的收获。

假如我是一片爱心，我要让全世界永远和平再也没有战争！

假如我是……

能量小提示：
科学家可以消除残疾人的烦恼；作家可以让人们获得更多的知识；医生可以让病人康复；富翁可以帮失学的孩子重新回到校园……如果让你选择你最想做什么？

24 25

北京能量娃教育科技有限公司 首页 上一页 下一页

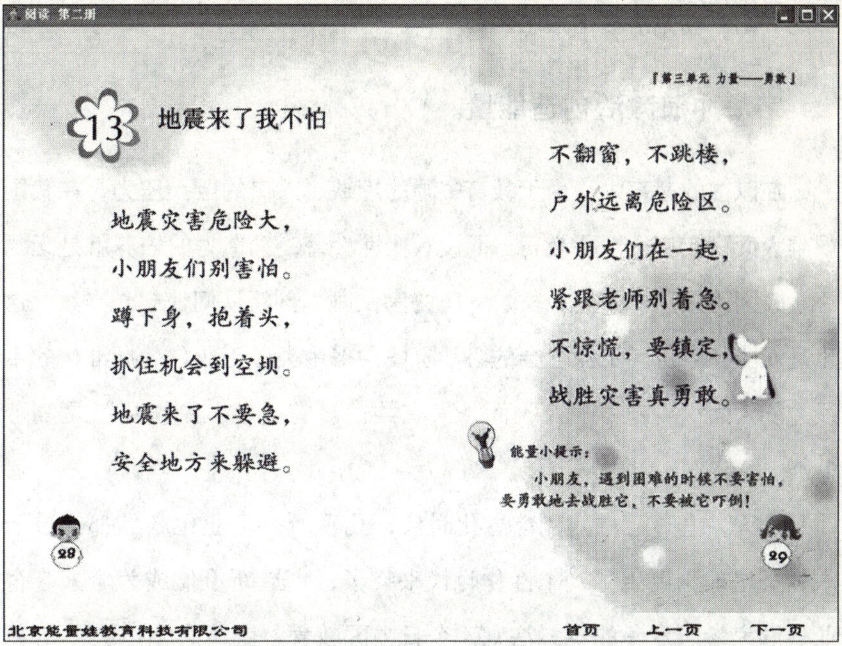


信念是思想的重复，而习惯是行为的重复！在“能量娃”，我们要求孩子们行为外化，要让孩子们在日常行为和习惯中体现出君子风度。比如，能量娃的小朋友回到家中给奶奶倒水、帮爸爸拿拖鞋、给妈妈洗脚，将孝敬美德落实到行为中。在会馆中，即使不同年龄的小朋友在一起玩也决不会因为玩具而“打架”，对老师特别有礼貌，学会与同伴和谐共处。这些行为上的变化让家长们欣喜不已。在北京世纪城会馆，我亲眼见到这样一幕：中午会馆下课的时候，一位奶奶带着孙子来能量娃报名，这个 5 岁的男孩一进大门就被大厅的游戏城堡吸引住了，因为他没有在能量娃上过课，上的是周边的贵族幼儿园，自我中心的特点非常明显，看见喜欢的玩具就“抢”，还对能量娃的小朋友“动粗”。而能量娃的小朋友显得非常友善、很有修养，不与其一般见识，很有礼貌地把玩具与他分享，让孩子的奶奶觉得很尴尬，一个劲儿给受了欺负的孩子家长道歉，并询问为什么“能量娃”的小朋友这样懂事，听了我们老师的介绍后立刻给孩子报了名。

## 字海冲浪激活创造能量

在以往的教育中，由于教育资源的短缺、人口的巨大压力，在我国很难大面积实施个性化教育，而没有个性教育，创造力的培养就是无源之水，因为采用一样的教材、一样的考试题，创新从何谈起。当然，这也是农业社会走向工业社会的必然阶段：采用类似工业化、标准化的手段才能大面积复制。千人一面，只有共性没有个性，副作用就是高分低能。

今天，全球已进入到信息化时代，几乎所有工业化产品都供过于求，长尾理论诞生了，个性化时代来临了，创造新价值成为个人、企业、国家参与竞争的不二法则。今日中国教育之变革必须适应“培养创造力、激活创造力、提升创造力”的全球化国家竞争的严酷挑战！

“中国制造”已被“中国创造”代替，大学生就业已被大学生创业替代，前谷歌总裁李开复将“世界因你而不同”作为人生准则，代表着全新的价值观。

今天，学校的教育与社会需求严重滞后，一方面我们在幼儿园时代鼓励孩子“宝贝要听话，要乖啊！”，这样一步步上了小学、中学、大学，然后走向社会，这时问题出现了另一方面：企业的人力资源总监面试孩子的时候，要孩子表现出个性来，提出创新性的面试答案，请问，孩子能不败下阵来吗？为什么我们今天“山寨版”成为一大景观，与我们的教育注重模仿、缺乏创新有直接关系！

与其那个时候看着孩子成为600万失业大军中的一员（这是2009年的数据，10年后数据只会增加），成为啃老族，不如从小培养孩子的创新意识和创新能力。事实上，创新是一种完全可以培养的习惯，在

0～8岁，孩子们的想象力是最丰富的，想象力是创新的源泉，个性化是创新的保障，要培养有创新能力的未来精英，光靠想法和口号是不够的，必须要有具体制度（如小班制）和具体办法（如字海冲浪等课程）。

以主科“字海冲浪”为例，我们的老师经常鼓励孩子们进行创意拼摆。在孩子们的手上，冲浪板拼出来的绝不仅仅是汉字，而是各种充满想象力、创造力的画面。有的小女孩拼出来生日蛋糕，如果你问她：“这蛋糕送给谁呀？”小女孩会说：“送给老师，送给妈妈。”有的小男孩拼出来警察抓小偷的故事，会当着众人的面给大家绘声绘色地讲起来；有的女孩盖起了美丽的城堡，说要把这房子送给妈妈和奶奶；有的男生拼出变形金刚准备拯救地球……

在能量娃“画海冲浪”课上，创意绘画更是鼓励孩子们创新，仅仅看看获奖的主题就能感受到孩子们创新能量的爆发：《可怕的世界》

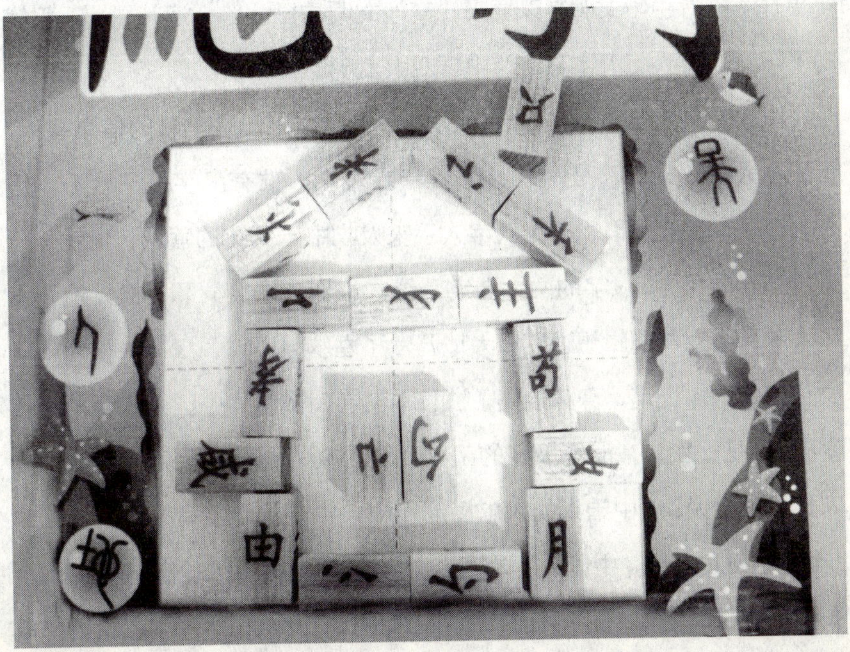

《倒立比赛》《地球娃娃哭啦》《千手怪物》等。

传统智力开发将记忆力、理解力、反应速度、专注力等当做重点内容进行开发，但现代人才观点认为：一个人如果没有创新能力，上述一切能力都不会产生新价值。鼓励创新就一定要尊重个性，而传统幼儿园的大班制是无法兼顾到每一个孩子的个体差异的。一个班 30 个孩子（我在湖南亲耳听过一位资深园长给我讲过一个班 40 个孩子的名园案例），一堂课 30 分钟，平均一个孩子只有一分钟，请问，孩子的个性，老师如何发现？发现后又如何培养？

在能量娃儿童学习会馆一律实施小班制，每个班 6～8 个孩子，每个孩子的闪光点都会被老师及时发现，创新的幼苗被很好地保护起来，个性得到尊重和张扬，许多在别的幼儿园不敢收的“淘气包”都特别爱上“能量娃”，因为每个孩子都找到了自己，都非常快乐！

中国是四大文明古国之一，有着悠久的历史和灿烂的文化，经过千年更迭，唯有中华文明得以复兴，其他文明均已没落，追其原因，汉字功不可没。有人将汉字称之为中国四大发明之外对人类的又一大发明贡献，汉字是世界上唯一音、形、义三合一的文字。是全息的信息载体。世界上大多数文字都是一维，或表音或表意，唯有汉字是三合一。因此，孩子们完全可以从一个汉字入手来吸收中国文化的营养，也就是所谓的“字本位”。汉字的两大造字系统：象形与图像同源，极大地开发了右脑；会意与逻辑想通，极大地开发了左脑，所以，汉字被誉为中华文化的基因。汉字、珠算、筷子被日本学者公认为“中国人聪明的遗传密码”，是开发儿童潜能极好的工具。世界脑力锦标赛创始人、教育专家托尼伯赞说：“中国人的大脑潜能无限，中国的汉字复杂多变，相对于 26 个英文字母，中国人更有优势学好知识，提高大脑创造力，每个孩子都有可能是天才。”目前，海外已有 4000 万人在学汉字，汉语已成为第二大通用语言。

据最近的研究资料表明，3～8 岁是儿童识汉字的最佳年龄，日本东京幼儿识字研究所从 1967 年开始的一项研究表明：5 岁识汉字智商可达 95；4 岁可达 120；3 岁可达 130。这一结论表明：越早识汉字越有助于孩子大脑的发育和智能的提高。

能量教育将汉字作为充足儿童能量的主要课程，是建立在对中国文化的深刻理解之上的。“字海冲浪”将常用的 2500 个汉字（相当于小学 6 年的识字量）编成儿歌，又将笔画拆解为冲浪板玩具，让孩子们在轻松的游戏中玩会汉字，并极大开启了观察、动手、逻辑、想象、表达等多元智能，达到了举一反三、融会贯通的最高境界。通过这样的识字方法，孩子们喜欢汉字，悟出字理，爱上阅读，阅读为孩子们打开了智慧之窗，对孩子们心智的成熟益处多多。所以，汉字是最好的能量源之一。

试举几个汉字，您可以领略到汉字的能量。

诚：言——成。说了就要做，而且要做成，那才算诚信，才算有诚意。

忙：心都死了就是忙。

怕：心里一片空白就是怕。

追：自己要追求什么就一定要放下自己，舍弃一点什么，才能追求到什么。

儒：人——需。儒教告诉人们必须做的是什么。

佛：人——弗。佛教告诉人们不能做的是什么。

道：首——辶。道教告诉人们思想路径是什么。

安：女人要安心在家里，这个家才能安。

命：人——一——叩。一个人的命就是你自己叩拜自己的那一点，连自己都崇拜的那个优势就应该是你的命。

奖惩：状——大。奖励就要大大的奖状，否则奖不到位。

惩：征——心。惩罚就要征服人心，否则惩不到位。

# 第三节 快乐学习后劲无穷

能量教育在课程设计上严格本着两个基本点：1. 抓住孩子爱玩的天性，2. 抓住学科的本质规律，充分体现SHE法则：S代表special（专业），H代表happy（快乐），E代表easy（简单），组合在一起就是用最专业的设计通过最快乐的途径告诉孩子们最简单的方法。因为大脑只有在快乐的情绪下，面对有规律的知识，采用最简单的方法，能力开发是效率最高的。

## 抓住孩子爱玩的天性

学前儿童最大的天性就是喜欢玩，玩的内容集中在水、沙子、积木等通过动手游戏中，蒙台梭利曾经说过“孩子是用手来认识世界的”。同时，孩子们喜欢听有节奏的音乐以及儿歌，孩子们更喜欢有故事的情景，有卡通人物的动画片，这些就是他们的天性。能量教育抓住孩子的这些天性，通过动手玩、听儿歌、看动画、讲故事、做游戏等快乐方式，让孩子们沉浸在开心玩的状态中。

顺应天性孩子们自然就开心，以能量教育的“字海冲浪”为例，我们为孩子精心设计了冲浪板教具，让孩子像摆积木一样，用汉字的笔画一个个摆出各种图案，孩子们乐此不疲。我在沈阳讲课的时候，孩子们现场摆出了坦克。我一想也对，沈阳是重工业基地。在山东东营讲课的时候，孩子们现场摆出了石油管道，原来东营是胜利油田所在地。看来孩子们的想象力是有生活依据的。我们说现在家长越来越重视开发想象力，因为想象力是创造力的源头，爱因斯坦曾说过："想象力比知识更重要"，拿破仑也曾说过："想象力控制着整个世界"，但许多家长都苦于方法局限，不知道用什么手段来开发孩子的想象力，能量教育就是用玩中学的快乐方式达到开发想象力、创造力的目的。

### 抓住学科的本质规律

任何学科都有自己的DNA，比如汉字是中国文化的基因，而古人造字是有规律可循的。中国汉字大都由象形、会意的方法构建，我们让孩子学习就是把规律交给孩子，让孩子能做到举一反三、由此及彼，这是学习的最高境界。而我们现行的教育体制，上了小学教孩子识字，仍然是一篇课文几个生字，每个生字之间毫无联系，每个生字要孩子孤立地认知，丝毫不揭示字理、字源。报纸上常有这样的新闻：6岁的孩子认错了字，老师罚每个字写20遍。这种学法、教法，孩子们从小就对汉字产生厌倦，进而对语文学习产生对立情绪，最后发展为厌学也就不足为奇了。

能量教育针对积弊，把学科的规律从小就告诉孩子。汉字有它独有的造字规律，我们用儿歌将每个汉字加以解构，儿歌就是孩子们的流行歌曲，孩子当然喜欢啦。英语的单词也是学习英文的难关，我们也研发出符合英语单词造字规律的英语儿歌，并在国内第一个采用动手玩单词的方法，让孩子们从小就明白英语单词的规律。

知识是有规律的，联系找到后孩子们就会乐此不疲。找到规律，真理往往是简单的，而简单恰恰是孩子们乐学的理由。

培养孩子们发现事物规律的能力，正是教育最重要的目的之一。能量教育正是本着对孩子终身负责的严谨态度，抓住孩子爱玩的天性，抓住学科的本质规律，通过能量老师的教学把二者连接起来，真正做到了寓教于乐。所以，能量教育是快乐的，“能量娃”的口号是“快乐学习能量大”“有能量更快乐”。能量娃儿童学习会馆也是孩子们快乐的成长家园，是集教育、保育、快乐三位一体的儿童乐园。

字海冲浪、信念阅读、拼音冲浪、数海冲浪、能量神算、冲浪英语、乐海冲浪、画海冲浪八大专利优质课程，延伸课程教材多达 60 余本，从而构筑了完整的方法论体系。我们的所有课程都采用国际最先进的互动电子白板授课方式，小班精品化学习模式。在轻松的氛围中让孩子完成自主学习、幼小衔接的过程。能量教育强调的就是把学习变成一个快乐玩耍的过程，拿我们最具特色的识字课程——字海冲浪这门课程来举例吧。我们把汉字分解成了笔画，在这方面，我们对汉字进行了一个解剖，让汉字笔画分布到教具上面，教具的开发我们已经获得专利，是根据幼儿对色彩及图形的喜好来开发的。3～6 岁的小朋友通过老师领读儿歌，比如说，第一课是“一撇，一捺，人出发”，小朋友用小手把这个一撇一捺拿出来。这样就是一个“人”字；“一人扛横力气大”，“人”字上加一横就是“大”字；“大上一点犬汪汪”，“大”字上加一点就是“犬”字；“大”下一点就是“太”字……这样一个字变成了一串字，教材再将这些字通过一定的节奏进行再现，孩子们轻轻松松都记住了。汉字本身就有很多信息量，以往的汉字教学没有按照这个方法教，而是每节课孤立地教几个字，对汉字丰富的内涵并没有认真挖掘和展现，是对孩子的时间和智力资源的浪费。3～6 岁这个年龄段是孩子们最敏感的学语言的黄金期，掌握了汉字就等于掌握了很强的自主学习能力。孩子可以在日常生活中不知不觉地掌握很多知识。而掌握了汉字就等于为孩子提供了一个自主积累知识的渠道，孩子会自觉在日常生活中积累知识，逐渐形成系统。此外，我们在课程的设置上安排了非常多的互动环节，都有相应的专利教具配合。还是拿识字课举例，孩子在课堂上，自己动手把教具中的笔画拼成汉字，不仅加深记忆，更重要的是通过手指小肌肉群的运动达到锻炼小肌肉群的目的。民间强调“心灵手巧”，是绝对有道理的。

以识字课“字海冲浪”为例，通过4本书和4个冲浪板专利教具，让3～8岁的孩子在3～6个月轻松玩会2500个汉字，相当于小学6年的识字量，完全可以轻松读书看报，进入到快乐阅读的理想境界。同时极大开发了儿童观察、动手、逻辑、想象、语言表达等多元智能。不但是识字的利器还是开发智能的平台，所以我们称“能力量化”，真正做到了潜能与显效相统一的完美境界。

教育过程力求情景化、娱乐化、卡通化，针对0～8岁孩子的特点专门设计了能量王国、能量大臣、能量哥哥、能量妹妹等卡通人物，又设计了能量岛、能量船、能量树等情景，通过游戏和故事的形式，利用电子互动白板，配给每个孩子每人一套教材、教具，形成师生互动、学生互动，真正做到了在玩中充足能量！

## 第四节　能力量化突破应试困境

3岁的宝宝在能量娃儿童学习会馆可以轻松掌握2500个汉字、500个英文单词、玩会数学享受数学、玩会五线谱、玩出五彩笔、玩中学做中国人世界龙！这一切看似知识量化，实则是能力量化。

“能量娃”被誉为中国儿童学习效果第一品牌，这个“效果”指的是什么？如何评估这个“效果”？这个“效果”有两层含义：一是显性的，比如，“能量娃”轻松玩会2500个汉字、500个英语单词、玩会数、量、形、时、空等数学概念；二是“隐性”的，即能力得以提高，专注力、动手、语言、逻辑、反应等都有明显提高，这些能力随着年龄的增长都会迁移到学习生活中。如何评估这一效果，很简单，就是看孩子喜不喜欢、学习有没有后劲。据我们的跟踪，“能量娃”一升入小学都成了尖子生。

能量教育解决了应试教育和素质教育的矛盾。应试教育最大的弊端就是高分低能，素质教育最大的弊端是不好测评，什么不足都可以用“素质太低”来形容。在电影《疯狂的石头》中，小偷都可以用“什么素质”来评价良民，可见其泛化程度。能量教育中的“能”是指各项能力，属于素质教育的范畴，但比素质教育更加精准，体现为信念、活力、创造三大要素，并强调个人的优势智能；“量”是指能力的量化，也可看成是应试教育的范畴。我们今天的家长最大的苦恼就在于无法改变社会的已有规则——应试教育模式短期内无法改变，但又怕孩子失去童年的快乐。能量教育较好地解决了应试与素质之间的矛盾，做到了既让孩子与小学接轨，又不与快乐童年“脱轨”。能量教育是素质教育的高级阶段。

许多家长总是对潜能开发看不见、摸不着而备感困惑，针对这一现状，能量教育提出了鲜明主张：“好的方法必然有好的结果，好的结果必然可以量化”，我们在以下4个阶段体现出了能力量化的特色：

### 第一阶段：试听课阶段的测评和成果汇报

会馆开张通常要举行专家讲座，家长在听讲座的同时，孩子们在其他教室由老师上 30 ~ 40 分钟的试听课。然后，孩子会由老师带回专家讲座教室，现场向家长汇报这么短的时间孩子们的进步。一般来说，以识字课“字海冲浪”为例，30 ~ 40 分钟的一堂课通常孩子们会认识 10 ~ 20 个汉字，而且是热情高涨。如果家长在家里自己教孩子，这样短的时间大多只能教会 2 ~ 3 个汉字，孩子还普遍不爱学，家长觉得很累，这是家长最惊讶的地方。如果家长单独来试听，效果也是一样的。有相当一部分家长会要求参加潜能测评，许多会馆都引进这一测评软件。另外就是单科测评，孩子在报班前会由任课老师进行学科测评，便于老师了解孩子的水平，潜能测评的二次测评通常要在半年到一年之后。

### 第二阶段：正式报名上课阶段的成果汇报

孩子正式报名后，如果是业余班，每次课程上完后，任课老师都会与家长交流本次课孩子的上课情况，孩子的进步与不足，家长都会了解到，而且，老师还会将情况记载到《家园联系册》上，以供家长掌握孩子的进步变化。如果是全日制班，任课老师会将每天的情况向家长作个性化汇报，以上这两点是传统幼儿园做不到的。

### 第三阶段：阶段性汇报

如果是业余班，每期 24 次课，到 12 次课上完的时候，会馆会邀请家长参加汇报公开课，向家长展示阶段性成果。以识字为例，普通孩子（5 ~ 6 岁）通过 12 节课大都能认识 200 ~ 250 个汉字，能进行初步地阅读，家长们会很欣慰。如果是全日制班，每个月会组织一次家长汇报公开课，因为全日制班的孩子所学科目较多，每个年龄段科目不同，所以，单科进度与业余班不一样。以识字为例，小班（3～4岁）认识100～200个字。如果是寒暑假幼小衔接（5～6岁）冲刺班，一个暑假20天，曾有过单科识字突破1000个字、数学达到小学二年级应用题水平、外语达到三年级水平的案例。

### 第四阶段：毕业汇报

每期学员毕业时都要举行毕业典礼，邀请家长参加。这是最为重要的成果汇报会，老师会和孩子们一起编排节目，有多姿多彩的儿童剧、阅读、英语小品，同时，老师还会给成绩优异者颁发奖状、证书，佩戴“博士帽”。遇到重大节日，如儿童节、父亲节、母亲节、教师节、万圣节、感恩节等，会馆也会组织家长参加活动，孩子们会汇报学习成果。

能量娃运动会是会馆的办学特色之一，许多会馆都举办过。猜字谜、单词游戏、心算比赛等寓教于乐的游戏，家长在玩中看到宝宝的进步。毕业时，孩子会收到一个个人的成长报告。

《字海冲浪》是能量教育的王牌课程，它利用专利教具“冲浪板”，让孩子玩字，不但是“识字利器”，还是思维训练的开发平台，做到了举一反三、融会贯通，给孩子以思考的方法与思维视角，给孩子以猎枪而不是简单的猎物：

- 开发左右脑图形与符号的转化
- 培养动手能力
- 提高观察能力
- 培养逻辑思维归纳能力

- 提高阅读能力
- 开发想象力
- 刺激视神经，培养注意力
- 提高自理控制能力
- 培养中国文化建构力

《数海冲浪》是能量教育的特色课程，它将枯燥的、抽象的数、量、形、时、空还原为具体可感知的教玩具，让宝宝享受数学乐趣。

- 培养孩子的注意力
- 培养意志力
- 培养运算能力
- 培养社会适应能力
- 培养快速反应能力
- 提高孩子的推理能力
- 提高孩子的判断能力

能量教育体系中的其他课程“画海冲浪”“乐海冲浪”“冲浪英语”等更是极大开发了孩子们的多元智能，为想象力、创造力、表达力提供了科学的平台。

## 第五节　儿童学习会馆填补早教空白

能量娃儿童学习会馆的独特业态也是一种创新，它集保育、教育、健康快乐三位一体，是儿童快乐成长乐园，总结出“健康快乐、个性沟通、潜能显效”的黄金幼教法则。3～8岁是孩子最美好的童年，应该是在玩中快乐度过，但同时它又是孩子一生启蒙的黄金期，一旦错过将无法弥补，所以，最科学的方式是“玩中学”，在能量娃儿童学习会馆，从孩子的眼里看就是在“玩”，但在妈妈的眼里，孩子的潜能得到开发，是在“学”。所以，送孩子上“能量娃”就是来玩中学。

最初创建的宗旨就是要给孩子们提供一个致力于潜能开发的“玩中学”的自由空间，不同于传统幼儿园和学前班，基本上是定位为“社区个性化学习型乐园”，让每个8岁前的孩子的潜能都能得到充分开发。由于当时社会上没有相应的机构，所以，我们就借鉴“会馆”一词，称之为“能量娃儿童学习会馆”。会馆一词在京城早已有之，湖广会馆等名声在外，开始许多家长还以为是儿童吃喝玩乐的地方，来了以后才知道是专注儿童潜能开发的专业机构。那么，到底儿童学习会馆与传统幼儿园、学前班、课外培训机构有哪些不同呢？2008年在“第五届中国教育家大会”上，我提交的论文《儿童会馆新型业态能否填补中国早教的空白》一文荣获“中国教育家大会优秀论文二等奖”，下面与各位分享其中的核心观点。

## 儿童会馆与传统幼儿园的不同

能量娃儿童学习会馆是一种全新的幼教业态，它不同于传统幼儿园、学前班、培训学校，它专注潜能开发，提供整体解决方案，做到了玩与学、兴趣与效果、先天与后天、个体与群体、传统与现代、幼儿园与小学、童年与一生等诸多平衡和有机统一，告别了“言必称蒙氏”单纯潜能时代，告别了“啥也不教，瞎玩”的纯玩时代，告别了“提前小学化”的纯学时代，开启了潜能与显效相统一的能量教育新时代！

在清华大学东门外，大雪后的“能量娃”宣传牌分外醒目

| 比较项目 | 传统幼儿园、学前班 | 传统培训学校 | 能量娃儿童学习会馆 |
|---|---|---|---|
| 核心功能 | 以保育为主，对小学知识只是简单地拼凑灌输。 | 以中小学课外辅导为主，学前教育不专业。 | 以能力启蒙、潜能显效为特色，培养信念、创造、活力之娃。专注0~8岁，是专业的幼教研发教育机构。 |
| 教学方式 | 一个教师对多个孩子，以教师为主体。 | 师资兼职为主，不稳定。 | 多个教师对一个孩子，以孩子为主体，因材施教，教师均接受严格的能量教育培训、考核，师资专职稳定。 |
| 教学教材 | 单一、不系统、不连贯，教材大众化。 | 短期拼凑，单一普通大众性教材，就培训而培训。 | 能量教育研究院独立研发的全面、系统、连贯、有独特的能量教育理念的有机课程体系及专利教材、教具体系。 |
| 教学方法 | 缺少个性化讲解和答疑。 | 重培训，轻能力。 | 针对个体，极富个性化，国际最先进的电子互动白板辅助授课。 |
| 学习环境 | 20~30人教室，干扰多。 | 小学性质的教室，20人以上的大班制。 | 6~8人精品小班制，独特的能量教室，情景化、游戏化。 |

| 比较项目 | 传统幼儿园、学前班 | 传统培训学校 | 能量娃儿童学习会馆 |
|---|---|---|---|
| 学习效果 | 无效果承诺。 | 以考试为导向。 | 专业研发专利教材、教具，潜能显效统一，效果可量化。从兴趣入手，后劲足，以能力启蒙、培养为导向。 |
| 潜能测评 | 普遍缺乏。 | 普遍缺乏。 | 专业、科学的脑潜能测评，尽早发现天才基因。 |
| 活动范围 | 以园内区域为主。 | 以校内区域为主。 | 没有围墙的幼儿园，以儿童会馆和社区公园为活动区域，每学期定期去儿童农庄、海洋馆、科技馆、陶艺吧等活动。 |

## 儿童会馆破解入园难题

背景回放一：2008 年 3 月 26 日《北京晚报》在“北京新闻”版面大幅刊登一篇正题为“入托赞助费最高叫到 10 万”、副题为“上幼儿园真叫难，报名提前大半年”的新闻聚焦。文章指出：离幼儿园新生入园时间还有半年，但北京不少幼儿园已经挂出了“满额”的牌子。年轻的父母们感慨：如今上幼儿园怎么也跟小升初似的那么烦人？甚至比上大学还要难。幼儿园的入园费也水涨船高，最高的已达 10 万元。

背景回放二：半年后，2008 年 9 月 16 日《北京青年报》在“人才时代”版面，又大幅刊登了一篇正题为“上个幼儿园咋都这么难”、副题为“报名需要家长提前排队，收费标准一年相差 10 万元，新建小区内多为私立园”的深度报道。文章指出：2007 年为生个金猪宝宝的家长，明年不得不为孩子进入幼儿园而发愁。令家长们弄不清的很多问题：比如既然是全市招生入学，为什么还要交择园费？幼儿园收费差异竟然一年有 10 万元之多？自家住的小区里为啥没有公办幼儿园？家长感慨地说：“上个大学都没有这么难！都没有这么贵！”可见半年后上幼儿园难的局面越演越烈。

这两篇文章从客观角度揭示了北京幼教市场的四难现状：入公办园难，入私立园贵，孩子啥也没学到，离家远。上述困境单靠政府解决是很难的，毕竟幼教是非义务教育，市场问题还需市场化的模式来解决。有没有一种新型学前教育模式从根本上系统解决这一老大难问题呢？一个偶然的发现让年轻的父母们似乎找到了答案，看到了希望。

镜头一：2008 年 3 月 23 日，北京回龙观体育公园内，一家名为“能量娃儿童学习会馆”的专业学前机构迎来了开张的日子，200 位 3～6 岁幼儿的家长热烈咨询、踊跃报名，明明的奶奶说：“孩子的父母在美国，明明都 5 岁了，在现在的幼儿园里啥也没学会，收费还挺贵，我怕给孩子耽误了，对不起他父母。这里教这么多东西，收费还挺合理，离家又近，真不错！”

镜头二：在北京的望京小区，能量娃儿童学习会馆的能量教育专家报告会上，家长们围绕孩子的教育启蒙、潜能开发等问题，请教能量教育专家，现场安静而有序，气氛轻松热烈，当家长们听到专家对幼教问题的独到见解和学前教育现状的解析时，都感到受益良多，报以热烈的掌声。两个孩子的母亲刘女士说："像这样的专家互动会，幼儿园里几乎看不到，应该多搞几次。孩子所在的幼儿园办学理念就是什么蒙氏教育，至于到底教什么，我们也搞不懂，反正一听洋名，别人报名我们也就跟着报，孩子也没学到啥，一个月学费收5000多元，在我们这里还算中档。'能量娃'的收费更合理一些。"

镜头三：在清华大学东门外五道口社区，能量娃儿童学习会馆正在举办2008暑假冲刺班汇报演出。当家长看到孩子们轻松读报、表演英文话剧和神奇的速算时，个个都喜出望外。一位刚从日本留学归来的博士后妈妈向老师咨询了近一个小时孩子的双语启蒙问题，满意地给孩子报了全日制班。

3~8岁奠定了一生80%的智能基础，越来越多的家长也都认识到了早教的重要性，也许这也是某些幼儿园收费天价的原因。但需要提醒家长朋友的是：选教育内容比选硬件环境更重要，看实际效果比只讲潜能开发更重要。因为，我们只有一个孩子，孩子的黄金天窗期只有一次。据了解，在儿童会馆上过课的孩子，大多数都轻松升入重点小学：中关村一小、二小、三小，清华附小，北大附小等；85%当上了班干部，成为三好生、优秀生。一位北京的家长说得很有代表性："孩子在幼儿园学会了什么，我们只能从效果中检验，潜能开发我们是看不见的。如果幼儿园啥也不教，我们只能给孩子报业余的特长班。为什么不能在上幼儿园的时间里，孩子就边玩边学了呢。这样孩子轻松，家长也轻松。省下的时间我们用于亲子和郊游该多好！"看起来，儿童会馆不仅是一种新的幼教业态，甚至带来了一种生活方式的变革。

任何新生事物都要接受时间的考验。10年前，人们买电器还会去百货商场，现如今恐怕不是去国美就是去苏宁；当“如家”这种快捷型酒店未诞生前，星级酒店是人们的唯一选择，但今天，快捷型经济型酒店已经成了时尚的首选。“国美”“如家”们之所以成功是因为牢牢抓住了行业的本质需求，剪掉不必要的加到消费者身上的费用，从而获得成功。儿童会馆这一模式恰恰将潜能与显效进行了完美统一，抓住3～8岁儿童的年龄特点，充分满足家长对学习能力启蒙的迫切需求，谁又能断定它不是未来的主流呢？至少在今天，被幼儿园诸多难题困扰的家长朋友多了一个选择。

### 儿童会馆驱散妈妈们的寒假恐慌

寒假即将来临，大多数儿童春节前只能在家“猫冬”，家长没时间照顾，也没精力辅导，年轻的父母们陷入苦恼……

寒风凛冽，岁末即将来临，家住北京亚运村的陈女士最近却忧心忡忡。幼儿园很快就要放寒假，如何安置4岁大的儿子成了她的心病，一年一度的“寒假恐慌症”再度复发。陈女士和老公工作都很繁忙，特别是全球爆发金融危机以来，公司紧缩战线，裁员的利剑悬在每个人头上，在岁末年初的关键时期她更是不敢稍有松懈。

孩子两岁开始上幼儿园，第一个寒假他们将儿子送回了老家，爷爷奶奶的溺爱惯了“小皇帝”一身毛病。无奈，去年寒假他们选择孩子继续留守幼儿园，但寒假里幼儿园只看不教，20天过后孩子变得呆呆的……于是，他们“痛改前非”，决心让儿子度过一个快乐又充实的寒假。一个偶然的机会，陈女士走进了能量娃儿童学习会馆，优雅的环境和“玩中学”的新型课程模式很快抓住了她的心。更让她高兴的是，“能量娃儿童学习会馆”就在她家旁边，她前去“打探”了一下，八百多平方米，堪称京城最大的儿童学习会馆。接送孩子只需几分钟，她当天就在现场报了名。儿子的寒假问题解决了，她紧锁的眉头也展开了。

在这里接触过幼小衔接课程教育的孩子，大多数都极快地适应了小学教育，接受能力强，对学校的时间安排及课程强度有了一个良好的适应。清华会馆毕业的小朋友，大都升入中关村一小、二小、三小、清华附小、北大附小等北京重点小学，85% 当上班干部、三好生、优秀生。通过对参加过能量娃儿童学习会馆的儿童回访调查，发现这些儿童在进入小学学习后，明显比常规幼儿园毕业的孩子更具有基础扎实、视野开阔、接受新事物快、学习成绩好等特点。

现在处在入园年龄的幼儿父母，大都是 30 ~ 35 岁，本身也是上有老下有小，所负担的家庭和社会责任较为沉重；工作上，大都是所在单位的业务骨干，需要把大量的精力投入到工作中，以期得到更优厚的回报；而这些家长的自身文化素质较高，收入理想，对子女的教育普遍有着较为深入的要求，对幼儿教育的要求不仅仅是找个地方看孩子这么简单，能量娃儿童学习会馆解决了这些父母的燃眉之急。

# *Chapter 3*

# 能量教育就是这么神奇

# 第一节　是普通孩子还是天才

## 6 个月玩会 2500 个汉字

2009 年 1 月 7 日，《北京晚报》“新闻目击”栏目刊出一整版的图片新闻，题目是“京城流行娃娃会馆”，副标题是“短短 3 年，数以万计儿童体验新式早教”，原文节选如下：

“昨天 17 时 30 分，二十多位小朋友在家长的带领下，准时来到方庄能量娃儿童学习会馆。和蔼可亲的刘善老师将他们领进一间又一间色

北京晚报
BEIJING EVENING NEWS
新闻目击
17

京城流行“娃娃会馆”

短短三年　数以万计儿童体验新式早教

彩缤纷的小教室，开始了他们一天中最兴奋的游戏。会馆里，最大的孩子也不过6岁，他们在这里玩什么呢？

“3岁的妞妞和4岁的圆圆是会馆的老学员了，学习记录都超过3个月，每周两次课。她们学会了很多东西，爸爸妈妈们很为她们自豪。妞妞主攻识字，不到3个月，她能认识近500个汉字；稍大一点儿的圆圆主攻神算，个位加减法对她来说已是小菜一碟。

“不到6岁就学习这么难的内容，会不会为时过早？之前家长们都有这样的疑问，但几个月下来，看着自己的孩子所学的知识以几何倍率递增时，他们都震惊了。轻松的学习过程，科学的教材教具，孩子们边玩边学，在兴高采烈的游戏中掌握了很多知识。

“为了应对现今的入学压力，多学点儿总比不学强啊。更何况，‘能量娃’的教学体系是我们中国人自己研发的，在国内幼教领域内它首次将信念教育引入了幼儿教学，很适合中国的孩子，既有明显的学习效果，同时还能开发潜能……”家长们道出了自己的切身感受。正是“能量娃”提倡的能量教育将孩子和家长吸引过来。

作为京城发行量最大的报纸之一，这一图片新闻可谓是一石激起千层浪，“能量娃”总部的电话快被咨询的家长打爆啦！仅北京方庄一个会馆的寒假冲刺班不到一天就报满了。一位就职于全国重点中学北京四中的妈妈带着孩子闻讯来报名，竟然不相信名额满了是真的，好不容易有一个孩子因病退出一个名额，她的孩子才报上。结果，20天的寒假冲刺班，孩子的进步让这位妈妈啧啧称奇：“‘能量娃’真是名不虚传啊！”20天的寒假班孩子竟掌握了500多个汉字、100多个单词，孩子的进步真大！

### 9个月获得世界珠心算大赛金奖

世界珠心算大赛是由世界珠心算联合会主办、中国珠心算协会承办、天津市财政局协办的一次国际大赛，美国、澳大利亚、日本、韩国和中国等14个国家和地区近1000余名官员、学者、参赛选手参加了此次活动。北京能量娃儿童学习会馆派出了能量神算学员崔灏清等200名小朋友参加了比赛，这200名小朋友，最大的5岁，最小的4岁，学习能量神算最长的2年，最短的才3个月。在这次比赛中，这些平均年龄才4.5岁的小孩子获得了团体第三名的好成绩，其中崔灏清小朋友还一举获得北京市第一名、世界第19名的好成绩。

灏清一家来自美丽的宝岛台湾，我曾和灏清妈妈就孩子学习珠心算的问题进行过一次长谈。灏清妈妈说，台湾和大陆教育方法不大一样，在台湾珠心算已作为基础教育课程写入小学课本，是每个孩子必须学的一门课，而大陆只是作为一门兴趣课来学习。自从灏清进入能量娃儿童学习会馆学习后不久，他就成为爸爸妈妈的“活电脑”。去饭店吃饭，只要服务员把菜名及价格报出来，灏清都会在服务员结账前说出准确的价格。她认为孩子珠心算不只是算得快，更重要的是珠心算有很好的启智作用。比如说，记忆力，珠心算里面的“看心算，快速看数，快速拨珠”对于提高记忆力是很有好处的。灏清上学后英语特别好，而学习英语最大的障碍就是记单词、背课文，但这点对于灏清来说太简单了，一篇英语课文读3遍就基本上背下来了，记单词更是不在话下。灏清妈妈还在外面给灏清报了英语班，因为灏清说学校学的英语太简单了。再比如说，逻辑思维能力，反应能力的提高：灏清不仅是班里的数学课代表，而且还是中关村二小数学特长班的学生。他喜欢思考，喜欢动手操作，喜欢做奥数题。老师说他脑子很灵，思维发散好，一道题往往他会写出很多解法，对于一个只有6岁的孩子来说是很难得的，这些都有珠心算的功劳，学习珠心算真正地做到了“一科学习，多科受益”。而且在“能量娃”学习珠心算的两年，在他受到挫折的时候老师会鼓励他战胜困难，在他因成绩有些轻浮骄傲的时候老师告诉他要虚心，对于他的意志品质也是一个极大的提升。

世界珠算心算联合会第三届会员大会暨第三届珠心算比赛活动现场

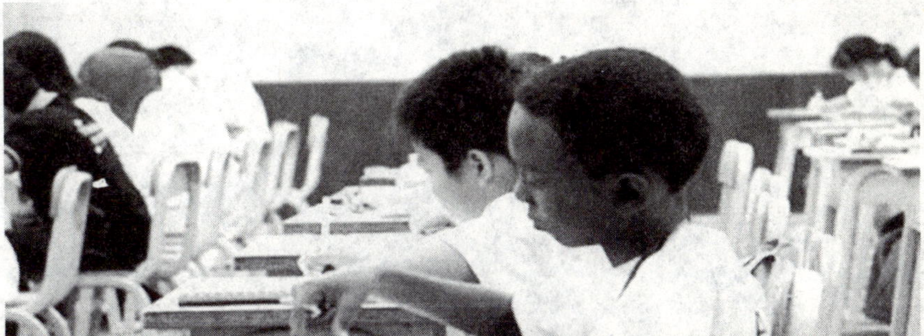

来自全球 14 个国家和地区的小朋友在第三届

世界珠心算比赛现场进行紧张答题

能量娃派出的参加世界第三届珠心算大赛的高手们，左起第一位是崔灏清

世界珠心算联合会官员们现场视察大考实况

能量老爸在总部与冠军合影

获奖小朋友吴怡静4岁半的时候和妈妈路过能量娃儿童学习会馆，出于好奇的心理，妈妈带她进来看了看，静静在游戏区玩得很开心，表示还想来玩。于是试听了能量神算课，抱着试试看的心理参加了能量神算学习。当时妈妈对她能否学好心里根本没底，但没想到短短9个月的时间，静静从掰着手指还算不清楚10以内加减法，变成了能一口气回答好多个数的两位数加减题，而且在比赛中获得了幼儿B组二等奖的好成绩。

让静静妈妈高兴的是，通过学习能量神算，静静变得特别自觉、自律，每天回家能主动独立完成作业。静静刚来“能量娃”的时候，性格就像她的名字一样，比较内向安静，现在变得开朗活泼了。静静在幼儿园中班本来年龄是最小的，本来是应该最受大家照顾的，但她却像一个小领导一样，表现得比同年龄的孩子要懂事、独立，见到陌生人不会紧张，对新鲜的事情很好奇，有时候还去教别的小朋友。周围的叔叔、阿姨、老师都觉得不到5岁就能获得国际珠心算大赛的银奖简直是一个奇迹，拿到得奖证书后静静越来越有自信，学习更加努力，不久又拿下了中国珠算协会的心算等级鉴定证书。

## 4岁获得国际少儿书画大赛特别奖

4岁的孙一宁来“能量娃”学习3个月，凭借美术作品《可怕的世界》荣获了第十三届国际少儿书画大赛特别金奖。同时获得特别金奖的还有天通苑会馆的王瀚卿小朋友（4岁），他的获奖作品是《倒立比赛》。

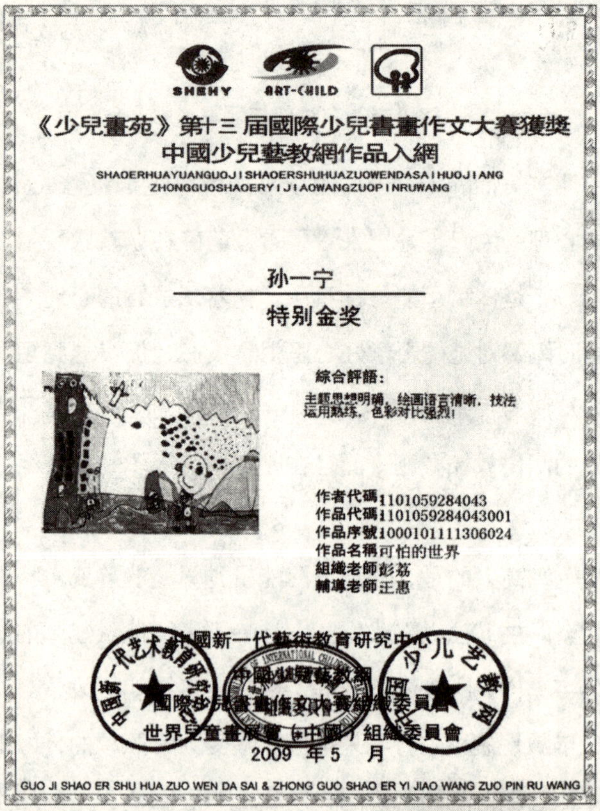

SHENY ART-CHILD

《少兒畫苑》第十三屆國際少兒書畫作文大賽獲獎
中國少兒藝教網作品入網
SHAOERHUAYUANGUOJISHAOERSHUHUAZUOWENDASAIHUOJIANG
ZHONGGUOSHAOERYIJIAOWANGZUOPINRUWANG

孙一宁
特别金奖

綜合評語：
主题思想明确，绘画语言清晰，技法运用熟练，色彩对比强烈！

作者代碼 1101059284043
作品代碼 1101059284043001
作品序號 1000101111306024
作品名稱 可怕的世界
組織老師 彭荔
輔導老師 王惠

中國新一代藝術教育研究中心
中國少兒藝教網
國際少兒書畫作文大賽組織委員會
世界兒童畫展覽（中國）組織委員會
2009 年5 月

GUO JI SHAO ER SHU HUA ZUO WEN DA SAI & ZHONG GUO SHAO ER YI JIAO WANG ZUO PIN RU WANG

王灏卿小名叫牛牛，2008 年夏天来到“能量娃”天通苑会馆学习“画海冲浪”课程，在选择能量娃之前，牛牛妈妈及牛牛几个伙伴的妈妈跑遍了天通苑附近的幼儿美术培训机构，但均不满意。听说能量娃儿童学习会馆开设了“画海冲浪”课程后，就带着包括牛牛在内的 6 个孩子来体验了，体验课刚开始 5 分钟，家长们就离开了教室去办理报名手续了……在学习“画海冲浪”的初期，牛牛的创作思路受原幼儿园的影响，画面内容单一，没有童趣，整个画面没有突出的主题，作品几乎没有视觉冲击力……根据学员的实际情况，会馆美术教师在教学中渗透能量教育理念，针对性的设计教学计划，创造性的组织教学，教学中充分尊重学员个性化的创作……3 个月后，牛牛参加了“少儿画苑、中国艺教网”第十三届全国少儿书画大赛，他创作的美术作品《倒立比赛》荣获全国特别金奖。《倒立比赛》充分表达了孩子对体育活动的热爱之情，整幅画主题鲜明，造型极其夸张，充满童趣，没有一丝成人的痕迹。牛牛在大赛中收获了成就感，经常在同伴面前说：“知道我为什么得金奖吗？因为我是能量娃！”牛牛妈妈曾说：“能量娃的教学效果就是好！”

吴俣小朋友是 2009 年 6 月来到能量娃儿童学习会馆学习“画海冲浪”的，吴俣妈妈是通过已在会馆学习的端端妈妈了解和认识了能量娃“画海冲浪”。吴俣刚来的时候怕见陌生人，不敢与教师打招呼，也不敢大胆创作……针对吴俣的实际表现，老师首先做的工作是梳理吴俣的情绪，用聊天和游戏的方法帮助他建立自信，让他感觉到老师和同伴的关爱；在创作上老师和他坐在一起讲故事、说笑话、做怪相，慢慢的吴俣的性格发生了变化，在来馆和离馆时能大胆地和老师、小朋友打招呼了，在创作中逐步地放开了手脚、开阔了思路，他的作品更多地表现了他的生活，其中有一幅《剪刀、石头、布》，画面上有一个老人和小孩在做游戏，老人的神态及打扮像极了他的姥姥。吴俣妈妈看了这幅作品后说："真神，他姥姥就是这样的发型，也常穿这样的衣服。"还有一次在进行动态人物的创作时，吴俣在一个小男孩脸上点了很多个小点，老师奇怪地问他："为什么要点这些小点啊?"他说："妈妈带我去公园玩，我被蚊子咬了很多包……"吴俣现在已经开始了第二期的学习，在今年"能量娃"组织的全国大赛中，吴俣获得了金奖……

《可怕的世界》：我昨天和爸爸妈妈一起去海边玩，看见了天空都变成黑的了，我拿着垃圾袋在捡垃圾，这样天空就能变成蓝色的了。

《倒立比赛》：我和好朋友在倒立比赛，我用眼睛偷偷的看见他们都倒下了，只有我最棒了。

另外还有5名小朋友获得了这次比赛的金奖：

《地球娃娃哭了》李祖臣　4岁　北苑会馆　辅导教师：王惠

《千手怪物》李少博　5岁半　健德门会馆　辅导教师：吕亚娟

《快乐的多手娃娃》旷钧升　4岁　天通苑会馆　辅导教师：彭荔

《锻炼身体不生病》张美珍　4岁　天通苑会馆　辅导教师：彭荔

《自由自在》张榕　4岁　回龙观会馆　辅导教师：王惠

《地球娃娃哭了》：小朋友们在地上扔了好多垃圾，地球娃娃都哭了！

《千手怪物》：我想要一个千手怪物，他可以帮我打坏人，还可以帮妈妈做饭。

《快乐的多手娃娃》：我变成了一个多手娃娃，这下可以拿很多好吃的了！

《锻炼身体不生病》：我和妈妈在做早操，这样妈妈说我就不会生病了。

《自由自在》：我想变成一只丹顶鹤，想去哪里就去哪里！

## 90%的孩子上小学后成为尖子生

来“能量娃”学习的小朋友，90%一上学就名列前茅，成为尖子生、三好生和班干部，甚至跳级成为超常生。

“能量娃”第一个会馆的地址在清华大学东门外，我至今还记得第一个来会馆上课的是胖胖的6岁男孩王英俊。王英俊是国防大学幼儿园的小朋友，她妈妈通过朋友了解到我们。他来上课时正好是暑假，每天一早妈妈开车送他来会馆。英俊很帅，也很听话，短短25天玩会了500多个汉字、100多个单词，简单的数学应用题轻松搞定。天天课余时间练能量娃武术操，孩子也长结实了，英俊妈妈说：“这个暑假英俊过得最有意义!”后来，英俊升入了北京市重点小学中关村二小，还担任了班长。

邦邦的父母是从英国留学回来的，有两个孩子。邦邦的父母觉得英语只有26个字母，一天就可以学会，而常用汉字有2000多个，太难学了。他们给邦邦报了“能量娃”的“字海冲浪”课程。邦邦比同龄孩子提前一年上学，现在已在北京市朝阳区的重点小学朝师附小读二年级了，一直是尖子生。一上学邦邦就把黑板报上的字都认了出来，尤其数学好。学校开家长会时大家都问邦邦妈妈是怎么教育邦邦的，怎么如此优秀，邦邦妈妈笑得合不拢嘴。

# 第二节　让孩子着迷的能量王国

## 不必午睡的自由天地

晶晶的妈妈是一位专业作家，从出生到3岁，晶晶一直在妈妈的陪伴下快乐地成长。3岁时，他不得不在“幼儿不能没有社会交往”的论调下被送进了公办幼儿园，过着大一统的生活。幼儿园统一的作息制度使晶晶不得不学习该尿时尿、该喝时喝、该唱时唱、该睡时睡，而不是有尿时尿、想唱时唱……至于“该”与“不该”完全是老师定的，而不是孩子自身的生理和心理需要。每天，晶晶都被幼儿园老师哄着艰难地午睡，他阖上眼皮，但阖不上梦想的大门。房子里三十几个人的鼻息和喘息声，深垂的窗帘，使他误认为夜晚来临，但窗外的蝉鸣，蜻蜓轻掠过微风的震颤，都在诱惑着他，呼唤着他，“唉，每天都这么浪费两小时多可惜呀！”这是晶晶3岁入园第一天对妈妈说的话。他希望利用午睡的两个小时翻他喜爱的书，玩他的智力玩具，或者就傻傻地跟他自己的手指说说话也很快乐。然而，他必须拼命入睡，一动不动。

一次偶然的机会，晶晶的妈妈在居住的小区发现了能量娃儿童学习会馆（后文简称“能量娃”）。接待人员介绍了能量教育的教育理念，我们独立研发的课程体系和精品小班制的教学组织形式，当下，因为深深的认同感，妈妈为5岁的晶晶重新作了选择。在“能量娃”的半年是晶晶最快乐的时光。因为中午再没有人逼着他、哄着他睡午觉了，相反，有薯条叔叔和汉堡叔叔陪他玩家里带去的智力玩具，上网看关于UFO的电影，和他一起读带去的各种关于地外文明的书籍……一向在女性环境成长的晶晶，在小小的男性社会里快乐着。甚至有好几次，晶晶和妈妈说晚上要回儿童会馆跟汉堡叔叔住在一起。

“能量娃”是自由的，不仅是晶晶，每个来“能量娃”学习的孩子都能享受到这种自由，特别是刚加入的孩子。孩子刚入园的前几天一般都不太适应集体生活，总是这转转那转转，也不听课。老师对他们并不要求什么，而是陪着他们熟悉环境。他们想到哪都有老师专门陪着，适应后再对他们提要求。在“能量娃”常常会看到这样的情景，那些刚来的孩子，大家上课的时候他滑滑梯，大家睡觉的时候老师给他讲故事，大家在饭桌旁集体就餐时他坐在馆长的办公桌上一边望着窗外等爸爸一边由老师喂饭……种种“特权”虽然增加了老师的工作量，但减轻了孩子的分离焦虑，保护了孩子稚嫩、敏感的心，也使家长放下心来。

## 快乐求索的学习乐园

在“能量娃”，晶晶提出的每一个问题老师都会耐心地解答，他情绪上的一点点变化老师都会及时发现。他的妈妈非常重视这一点，她认为孩子的问题及时被听到很重要，如果孩子提出问题而得不到回答，那他就从此没有了问的积极性，一个不问的孩子怎么从交流碰撞中习得知识？怎么还会有新视野的激荡呢？在公立幼儿园，孩子的问题得不到回答往往因为老师顾不上，或者女老师知识的局限性，使她面对男孩子的怪问题只得保持沉默，甚至也有可能是：根本没有听到！30多人的班级，孩子的问题怎样才能引起老师的注意呢？孩子们很快发现，谁的声音大，谁的嗓门高，谁就拥有话语权……这无形中助长了孩子的“强人逻辑”。而且，孩子只有在心理需求得到充分满足的时候，他才会是快乐的、平和的。而只有在快乐、平和的心态下，孩子才能专注于智力活动，他的创造力才会最大限度地被激发。

晶晶的妈妈曾经与我交流，她说她非常看重孩子习得知识的过程是否快乐。在能量娃儿童学习会馆，单单一个识字课，不同的老师就有不同的教学方式。有的老师把教学内容编成小剧目，让孩子们边演边学；有的老师是发散式讲解，物理的、化学的、天文的、地理的，触类旁通，想到什么讲什么，天马行空，思维活跃，就像一个大孩子引领着一个小孩子在想象的天空里飞翔……孩子觉得这个世界既美妙又神奇。对世界的好奇心是孩子的天性，父母和幼教工作者的责任是保护和引导这种好奇心，只有对未知世界充满好奇的孩子才可能是一个喜欢探索的孩子，才有自主学习的动力，才可能是一个后劲十足的孩子。

在我写作这本书的时候，晶晶已经在一家重点小学就读。在进入小学面试的时候，是校长单独面试，就是让孩子们认字，晶晶不到 3 分钟就把所有的问题都答对了。在前不久的家长会上，老师说几乎所有的孩子都上过学前班，而大部分在期中考试前后已用完了学前班的知识储备，而晶晶的潜力很大，因为他爱学、会学，这一切都得益于学前一年在“能量娃”的能量储备。学前一年晶晶就认识了近 2000 个汉字，可以游刃有余地读很专业、很学术的《汉字五千年》和《汉字王国》。阅读使他涉猎多多，涉猎越多未知越多，探究的动力也越大，从而进入了一种良性循环状态。

**充满关爱的心灵之家**

妙妙是一个有着一双漂亮的大眼睛的女孩，父母费了很多周折把她

开心的妙妙（画面前面的小可爱）

送进了一所公认的最好的公立幼儿园。可妙妙每天都会为了上幼儿园的事哭得撕心裂肺、肝肠寸断。妙妙妈妈看到女儿如此痛苦，想给她转园，为此和妙妙的爸爸争论了两天。妙妙的爸爸认为不能因为孩子大多会有的哭闹行为就放弃，那么多孩子都能在那所公立幼儿园最终适应成功，自己的女儿也应该能行。而妙妙的妈妈更在意的是保护孩子的天性，她认为对孩子最好的教育方法应该是顺其自然、就势引导。虽然孩子最终是要适应社会的，但应该允许孩子有一个成长的过程，只有羽翼丰满了才可以搏击风浪，6 岁以前更需要的是呵护和关爱。

于是，妙妙的妈妈送妙妙到“能量娃”试读。一天晚上妈妈小心翼翼地问妙妙为什么以前上幼儿园会哭闹。妙妙说：“妙妙哭的时候，陈老师（能量娃儿童会馆）就给妙妙擦眼泪，柴老师（之前公办幼儿园）就大喊‘别哭了，安静’；小朋友起床的时候，陈老师就说‘小朋友，起床了’，柴老师就说‘快起床，快起床’；妙妙想帮助小朋友的时候，陈老师就说‘老师和妙妙一起帮助小朋友好吗’；柴老师就说‘别动，后退’。”妈妈告诉妙妙，小朋友都是要上幼儿园的，妙妙可以选择上哪家，但不上幼儿园是不可能的。而且，如果离开之前的幼儿园就不可能再回去，也见不到在那家幼儿园认识的小朋友了。妙妙听后神情郑重地说：“陈老师，能量娃。”转到“能量娃”之后，妙妙没再出现过大哭大闹的情景。有时在幼儿园门口会哭泣，会说想妈妈，会说要陈老师给她擦眼泪。但妙妙的妈妈说这与从前已经是截然不同了，那时更多的是恐惧，而今则是孩子在表达依恋。

妙妙的妈妈告诉我，妙妙的性格中有一点和她自己幼时极其相似，就是太在意他人的评价。鼓励表扬的事就有如神助，批评否定的事如坠冰洞。在“能量娃”，妙妙做错了事老师也会批评她，但老师非常注意批评的方式，用妙妙自己的话说就是“温柔地批评”，将妙妙妈妈所担心的挫折、打击、否定降到了最低点。

## 第三节　园长、家长变成合作伙伴

### 温州最大的幼儿园引进能量教育

2万多平米的温州乐清伯爵幼儿园，作为当地面积最大的园之一，在考察完温州和北京会馆之后，毅然决定全面引进能量教育，用张董事长的话讲：“最好的硬件一定要配最好的软件”，开张当天，报名收入突破百万元，不到3个月，生源达到近300个孩子，成为当地的示范幼儿园。

2 万平米的伯爵能量娃会馆式幼儿园

## 普通园变身“高档会馆式幼儿园”

在辽宁营口著名的“女人街”上，2009 年夏天，能量娃营口会馆

辽宁营口能量娃会馆开张时的盛况

（400平方米）以幼儿园形式开张。由于采用能量教育理念和特色课程，在收费比营口普通幼儿园高出一倍的情况下，生源爆满。成为当地一大新闻，不到一年面积又扩大近一倍。

## 温州做课外培训的夫妻连开两家会馆

妻子杨凌、丈夫熊老师是湖北人，在温州从事高中生的课外考前辅导。一个偶然的机会，熊老师在网上发现了“能量娃”，被能量教育的新理念深深吸引，两人决定来京考察。考察后非常满意，回温州后。与当地做外贸的一位吴老板一拍即合（这位吴老板正在被金融危机困扰，处在转型选项中），用吴总的话讲：“这样投资少又积德的项目现在越来越少了，赶紧定下来。”温州会馆顺利开业了，因效果好不到3个月又开设了一家。

## 台州的小夫妻成功转型

台州的小晏和小胡原是经营婴幼儿奶粉的代理商，从温州会馆的家长中了解到“能量娃”的口碑特好，于是两人专程去温州、乐清、柳市考察。果然耳闻不如眼见，很快加盟了“能量娃”。不到一个月的时间，孩子的总数突破30人，小两口开心极了。我到台州的时候，发现这样的怪现象：台州作为吉利汽车总部，街上跑的却是宝马和保时捷。我就问当地家长原因何在，他们说我们生产的汽车都出口到非洲、美洲了，我们自己一定要用最好的。我不禁感叹：衣食住行都用好品牌，教育更重要，当然更要用好品牌了。都说浙江人精明，连头发都是“空的”，此言不虚。

短短不到半年时间，在浙江“能量娃”就开设了近十家会馆，分布在温州、乐清、柳市、台州、义乌、宁波；而他们了解“能量娃”的渠道大多数是与北京一样，是通过家长的口碑。一位义乌的父亲用最形象的话揭开其中的奥秘：“只有在浙江你会看到这样的景观：开宝马吃盒饭。浙江人是最务实的，你‘能量娃’要是没效果，浙江人是不会买账的。”

*Chapter 4*

# 早教误区：爸妈别这么糊涂

0～8岁是儿童启蒙的关键期，但这一年龄段的孩子是不具备选择能力的，所以，早教与其说是教育孩子，不如说是教育家长！早教成功只属于少数人，因为多数人都想错了。自2005年以来，我参加了近百场家长报告会，与上万名家长进行了面对面的沟通，真实地感受到家长们在早教问题上存在着大量的误区。

## 第一节　不重视早教的三种人

### 我是富人我怕谁

有的家长认为我是有钱人，家业可以继承，孩子不需要从小培养，所谓“我是富人我怕谁”。

在温州我听家长讲，现在温州由流行“妈妈炒房团”而改为流行“妈妈赌博团”。在澳门的赌场里，最大的内地赌博团居然是这些富婆们，她们有钱后不是去投资孩子的教育，而是去赌博。她们觉得自己从小也没接受过什么早期教育，照样能够挣大钱。自己挣的钱几辈子都花不完，孩子长大了自然会继承家业，不必再自己去拼搏，接不接受早期教育无所谓。改革开放30年的确产生了大量富豪，但他们中的许多人都是因为时代的特殊性所造就的：20世纪80年代，中国是供不应求的短缺经济，小商品的生产、批发必然有市场，所以温州经济奇迹诞生了；改革开放吸引港台来料加工厂纷纷在广东、福建着陆，于是广东、福建经济腾飞了。时至今日，历史已进入到21世纪，中国的经济模式发生了变化，产品供过于求，劳动密集型的制造加工业已经危机重重。全球知识经济时代来临，中国的富豪排行榜一夜之间冒出了一批年轻的面孔：李彦宏（北京大学毕业）、张朝阳（清华大学毕业）、陈天桥（复旦大学毕业）……而昔日的富豪们则已成昨日黄花，正所谓：长三角、珠三角在“沉没”，渤三角（渤海三角洲）在崛起；80年代看深圳，90年代看浦东，21世纪看中关村！时代不同了，财富的生产方式发生了质的变化，再也不会像以前一样脑体倒挂，“干导弹不如卖茶叶蛋的”，而且这将是不可逆转的趋势。未来一个人的财富一定是和他拥有的知识、能力成正比的。富婆们醒醒吧！

英国有一句谚语：第一代创业，第二代继承，第三代毁灭。微软的比尔·盖茨将98%的财富都捐给社会，因为他深知巨额财富决不会给孩子带来幸福。

财富是不可能遗传的，“步步高”的创始人段永平曾经说过这样一句话：“我的财富决不会留给子女，因为这样只会剥夺他们奋斗的理由。”人的奋斗是需要理由的，富二代、富三代叼着金勺出生，没有奋斗进取的现实理由，势必游手好闲，成为没真本事的“八旗子弟”，最后坐吃山空。有一次，我带着孩子们去哈尔滨虎园参观，看见一群老虎懒散地酣睡着，完全没有了虎威，到时间就等着饲养员喂只活鸡，跟黄鼠狼一个水平。前不久，在报纸上看到这样一个新闻：一只人工养殖的东北虎从养殖园里跑到农家院，居然被一群看家狗围堵进一个角落里，不敢与家狗对抗，完全退化，失去了百兽之王的天性！我们都知道，山上的猛虎是靠着野生的本领来觅食的，一旦人工养殖，觅食的本领已不再重要，渐渐退化丧失掉本性。同理，富二代与家养虎非常相似，虽说是王者之后，但极易失掉王者的天性！

中国如此，美国也一样，否则，为何会出现洛克菲勒的后代把象征美国和家族财富的标志——洛克菲勒中心拱手卖给日本人的无奈之举。与之相反，孔子的后人今天已传至75代，孔子学院已遍布世界，孔子的后人近300万生活在世界各地，可见知识、品德、家风可以遗传，正所谓无形永远大过有形，唯有教育可以建百世功、千秋业、万代名。

古语道：赠子千金，不如教子一技。一位在国内拥有3000家美容连锁店的58岁的著名女老板（请恕隐去真名），有一天请我过去，想让我教育一下她的儿子。这位22岁的富二代从英国留学回来，戴着耳环，开着奥迪车，满京城游手好闲，已近60岁的老板妈妈十分无奈和痛苦，近亿元的家业后继无人。人最痛苦的不是没有得到什么，而是得到后眼看着失去，这种晚年凄凉是富人最大的痛苦。

《我的事业是父亲》的作者蔡笑晚也是温州瑞安人，他原名不叫蔡笑晚，是为了立志教育好孩子、笑到晚年才改成这个名字的。他生了6个孩子，由于重视早教，5个孩子都成为美国著名大学的高才生，小女儿蔡天西22岁在哈佛毕业时获得最年轻博士后。他现在居住在上海浦东一栋高级公寓里（旁边就是上海楼王汤臣一品），在他的家中可以直接看见黄浦江。这套公寓是现在美国高盛公司任全球副总裁的二儿子用一个月的薪水购置的，所以，蔡笑晚被誉为温州真正的“首富”。

## 我是忙人没时间

现代社会的快节奏生活，现代职场的激烈竞争，使许多年轻的父母不愿意一把屎、一把尿地自己把孩子带大。他们把孩子交给祖父母或者保姆带，有的孩子一年只与父母见几次面，有的虽然与父母住在一起，但与父母真正相处的时间很少。他们中的很多人都认为自己拼命工作就是在为孩子积累物质财富，他们可以花上千元给孩子买衣服、买玩具，可以花十几万元把孩子送入贵族幼儿园，却舍不得每天拿出一点时间来和孩子做游戏、讲故事，为孩子做上一顿美味的家常饭。他们只是站在成人的角度揣测孩子的需要，他们不知道，对于孩子来说，父母的朝夕相伴比大房子和小轿车更有意义。住什么样的房子、开什么牌子的车只是成人的标准，在孩子眼里有妈妈怀抱的地方就是最温暖的家。

我的一位好朋友在一家著名外企，年薪高达百万元人民币，太太也很能干，为了事业把孩子送到著名的幼儿园全托，一个礼拜回家一次，女儿每次见到爸爸都亲热得不行，还很爱撒娇，我就提醒他："你们夫妻两个不要每天都忙于事业，挣了那么多钱，最终自己能花多少？孩子现在不去关爱，一晃就长大了，将来你会有歉疚感，夫妻两个至少有一个人要多关心孩子。"他非常认可我的说法，孩子上小学坚决不住校。

自己带孩子确实会挤占一些工作时间，甚至需要牺牲一些事业发展的机会，机会错过还可能再遇到，但孩子的童年只有一次。孩子出生的最初几年是建立亲子感情的关键期，也是孩子性格养成和智能发展的关键期。很多由祖父母或保姆带大的孩子，与父母的感情淡漠，父母对孩子也缺乏真正的了解和理解。不仅是情感上会有遗憾，在孩子的生理发育上也有可能带来终身悔恨！在"能量娃"温州会馆我亲眼见到这样一位悔恨不已的妈妈，她与先生是做牙科诊所的，生下女儿后，由于要发展生意，没精力自己带孩子，就把孩子送到乡下奶奶家。因为奶奶要同时带两个孙子，一时照顾不过来，她的女儿发烧没有及时治疗，最终烧成了脑瘫。这位妈妈带着孩子前后到北京、上海治疗，花去近 70 万元人民币也没治好女儿，至今悔恨不已。

有动物学家在大猩猩身上做过这样的实验：给刚出生不久的小猩猩

两个仿真大猩猩，一个是有毛巾被包裹的没有奶水，一个是用铁丝包裹的但却有奶水。实验结果出乎意料，小猩猩最爱拥抱的是毛巾被“妈妈”。可见，刚出生的孩子是多么需要母爱，母亲的“抚触”比食物对孩子还要重要，这样的亲子关系才会让孩子有安全感，也是任何人代替不了的。所以，我多次强调：“年轻的妈妈们，一定要多抚摸孩子，给他们以爱的关怀，否则长大后，我们是无法弥补的。”

这种亲子关系的隐患在孩子小学阶段尚不明显，等孩子开始进入青春期，逆反不听家长的话，甚至离家出走的时候，许多父母才开始着急，对孩子的问题束手无策，那时再想修补亲子关系的裂痕需要付出几倍，甚至是十几倍的努力。如同孩子的身高有关键期一样，教育的关键期在学前，亲子感情的关键期在幼年。为人父母，最重要的事业就是把孩子培养成人，这是永远也无法辞掉的工作。

在中国历史上有很多民族英雄和伟人都源于母亲的教育，孟母三迁、岳母刺字的故事几乎是家喻户晓。许多成功者竟有相同的经历，从小都有孤儿寡母的境遇。这里面，如果从早教角度来解释就不难理解：孤儿寡母之间的母爱是非常深刻和持久的，这样的孩子从小体会到了人间最温暖的挚爱和世态炎凉，所以会表现出奋斗的动力十足、情商很高、懂得感恩等成功者必备的素质。

## 我是博士我明白

在北京经常能遇到博士以上学历的家长，他们在各自的专业领域学有所成，对孩子的早教问题也都有自己的认识。有的寒窗苦读十几载，觉得自己的童年过得就缺乏乐趣，现在当了家长，一定要在孩子身上好好补偿一下，反对对孩子进行有意识的、系统的早期教育，认为等孩子上了小学或者中学再抓也不迟。有的博士家长觉得自己小时候也没接受过什么早期教育，照样学有所成，因此对孩子的早期教育也是采取放任自流的态度。

以上两类家长对早期教育的误读，一是将早期教育和童年的快乐对立起来，以为早期教育就是逼迫孩子识字、写字、做数学，他们不知道今天的早期教育已告别了非人性化阶段，进入到科学化、个性化的时代。成功的早期教育一定是以尊重孩子的个性为前提、以孩子的健康成长为目的，是一种引导和激发，而不是强制和灌输。接受早期教育的孩子不仅不会失去童年的快乐，相反，他们获得的是思考和探求的乐趣，是“我能行、我很棒”的成功体验，他们比没有接受过早期教育的孩子更聪明、更自信，也就更容易成功。这些家长的另一个误区是觉得自己行，孩子也一定能行，甚至以为高学历也能遗传。其实，父母智商高，孩子智商一般，这种情况并不少见，高智商未必遗传，高学历就更不可能遗传了。否则，清华、北大教授的孩子不都考上清华、北大了吗？一个人成才或成功的因素是多方面的，除了智商外，还需要具备勤奋、机遇等多种条件。更何况，孩子成长的环境和父母成长的环境已经大不相同了，用刻舟求剑的态度对待孩子的早期教育是愚蠢的。

记得清华大学会馆有这样一位高学历的爸爸跟我说：“程老师，我的孩子今年 4 岁，我今年 40 岁，是农村长大的，在清华读到博士后，现在留校任教，所以要孩子比较晚。我当年在农村别说是早教班，连幼儿园甚至托儿所都没有上过，现在还不是发展得挺好！”我笑着跟他说：“咱们是同龄人，当年我相信你考上清华的时候可能 500 多分就可以了，但今天要上清华没有近 700 分恐怕是上不了的。当初，我们都是 60 年代末的人，1966～1976 年国家正经历文化大革命，别说早期教育，就是正常的教育，可以说都处于荒废中，所以，高考一恢复出现了一批人才，比如 77 级的第五代导演张艺谋、陈凯歌，您和我在当时也可以说是天之骄子，因为，那个时代考上大学就包分配。别说您没有上过早教班，我们大家都一样。可是现在不同了，今天在大中城市，0~6岁儿童的家长中90%认可早教价值，其中20%有条件的家庭的孩子在上早教班，在美国这一数字高达80%。当然，社会的竞争也更加激烈，今天即使是清华毕业也有可能找不到工作。所以，您孩子成长的时代和咱们那个时代完全不同了，咱们不能用静止的老眼光来看待孩子的教育。正所谓水涨船高，社会发展日新月异，也许当年您是先行者，如果观念跟不上，您的孩子就可能成为落伍者。”这番对话后，博士后爸爸心悦诚服，当场给孩子报了名。

还有一些博士家长，认为自己学历高、能力强，孩子的早期教育自己就可以搞定，不必把孩子交给专业的早教机构。确实，孩子的第一任老师是家长，家长的言传身教是最好的早期教育。问题是大多数家长都没有进行早期教育的直接经验，最多是读过几本早教的书，纸上谈兵很容易走弯路；而且家长都有自己的工作，真正用于孩子早期教育的时间非常有限。因此，完全由家长进行早期教育不仅费时费力，而且教育的效率比较低。以0~6岁儿童为对象的早期教育有很高的专业化要求，并非父母简单操作就能完成的，即使是清华的博士、北大的海归也未必能胜任如此专业的工作，“术业有专攻”嘛！

一位日本留学的博士后妈妈，回国后在清华大学做研究工作，35岁生了儿子，对于孩子的双语学习有很多困惑，我们聊了两个小时。这位妈妈跟我说，自己一直忙于学业，结婚后又去日本留学，35岁在日本生下儿子，在家里出现了双语现象，孩子会不会受到影响。我跟她讲，孩子的语言系统是可以接受两种以上语言的，这是一种对他听力的体验和刺激，只不过这样的孩子说话可能比同龄人晚一些，只要通过好方法孩子的语言是不会有问题的。她非常信服地给孩子报了名。

在一次朋友聚会上，一对新认识的朋友（夫妻俩），妻子是北京外语学院毕业，现在高校任教，丈夫是国际关系学院毕业，现在国家机关工作。夫妻两人的学历、阅历都很好，宝贝女儿4岁，但在孩子的启蒙教育上有许多认知都是空白。当他们得知我们“能量娃”有全脑测评后吃惊不小，对此非常感兴趣，连吃饭的心思都没有了，一定要带着孩子来“能量娃”测试一下。看到他们急切的心情，我真的感到早教是一门帮助年轻父母，让全家人幸福快乐的阳光事业。

## 第二节　对早教的三大误解

### 早期教育是对孩子智力的过度开发

许多家长特别是老人担心孩子太小，过早开发会不会累着孩子。其实，孩子的脑潜能远远超出我们普通成人的想象，《北京您早》曾报道过一个6个月的孩子能分辨出1000个汉字，尽管不会说话，但是能用手指出哪一个汉字是妈妈读出来的。其实我们人类的脑潜能是十分巨大的，目前权威脑科学的结论是：现在大脑潜能只开发不到百分之一。体能开发不能超前，智能开发决不能延后，关键是要从孩子的兴趣出发，玩中学。特别是孩子3岁后开始进入符号敏感期，最明显的特征是家长牵着孩子的手上街，孩子会问：“妈妈，这个字念什么?”如果家长不认真回答，孩子就会很失望，说明孩子已经“很饥饿”，如果我们家长不主动“喂食”，孩子就会自行将注意力转移到无聊的话题上。曾有一位家长跟我说：“孩子也没人教，自己就把中央电视台天气预报的城市名记住了。”这充分表明孩子是对“符号”敏感的。从兴趣出发、顺应孩子爱玩的天性是不会累着孩子的。

## 孩子成了天才会不会孤独

在北京健德门总部会馆开张的时候，一位家长提出这样的问题：孩子成了天才会不会“孤独”？有的家长甚至认为，天才就是孤独的。其实，历史上凡是被称为天才的人，大多数都是情商很高者，而且还很长寿：木村久一94岁、歌德83岁、卡尔·威特84岁，钱学森98岁，贝时璋107岁。像百度创始人李彦宏这样的技术与商业天才，所表现出的综合素质是何等优秀。天才是不会孤独的，相反那些无知的蠢材才会孤独。

## 早期教育会不会让孩子上学后“溜号”

许多家长担心学前掌握了那么多知识，上学后会不会溜号厌学。这种想法在许多家长会上都听到，此种观念代表了相当多家长的心理。这些家长普遍认为，如果孩子在学前掌握了大量知识，上了小学不好好听课，容易分神，不遵守课堂纪律，甚至出现溜号厌学的现象。事实上，这是家长的主观臆想。

首先，能量教育带给孩子的决不是知识量化，更不是小学提前化。我们的教育内容与小学完全不同，是能力量化，这些优势智能和多元智能是伴随孩子一生的，可以迁移到学习、生活的方方面面。所以，我们真正看到的是“能量娃”的孩子上了小学后都成为班长、学习委员、尖子生，而且后劲十足。

其次，我们要正确认识目的和手段的关系。送孩子到学校不是为了守纪律，而是让孩子最大限度地发展自己，与社会接轨。孩子上课的时候，接受能力很强，一定会带来成就感，有了高峰体验自信就会产生，出现学习上的马太效应。而这恰恰是教育中最需要的非智力因素，我曾经就这个问题专门问过女儿婷婷，为什么她学习上总是动力十足？她说：“因为我有成功的高峰体验，从小学习好，老师会欣赏，同学们会投来羡慕的眼光，自信心就建立起来，对学习越来越有兴趣，这跟从小就落后的后进生在心理上是完全不同的，后者没有高峰体验，落后与否无所谓。”所以，我原创一句话：“当过冠军的运动员是不会轻易退出运动场的！”事实上，刘翔的复出完全证明了这一点。

从大脑的结构上来说，人与人差别是很小的。举个例子：我们从车厂购进两辆完全一样的车，在冬天里，我们把一辆车放进零上22摄氏度的暖房里，另一辆车放在零下30摄氏度的室外。3天后，将两辆车都推到室外，放在一条线上，同时打火，结果放在室内的车一打火就发动起来冲了出去，而另一辆放在室外的车可能半个小时也启动不了，等启动后，前面那辆车已经跑了50公里了。这说明不是车出了问题，而是车的状态出了问题。人也一样，不同的人大脑水平相差有限（当然优势智能不同），但相同优势智能表现不同，主要是在于大脑状态不同。能量教育是让孩子从小将学习与快乐联系起来，把学习状态调到最佳，这是非常重要的“快乐助跑”。

最后，我们要正确处理课上与课下的关系。大家都知道“兔子和乌龟赛跑”的童话故事，它只能存在于童话中。如果孩子是兔子就不要跟乌龟在一起，孩子如果很优秀，就应该给他提供更大的平台，是兔子就应该让他跳高、跳远；孩子如果已经不满足课堂上的内容，就该给他们提供更多兴趣、爱好来选修来发展。我们既然允许留级，为什么不允许跳级？素质教育是需要时间和空间的，我们可以让孩子有时间、空间来发展自己，发展琴棋书画，发展各种体育、文艺、义工等特长和公益，这才达到教育的目的——使人的潜能得到最大激发。

# 第三节　选择早教机构的三个误区

中国作为世界人口第一的大国，每年出生近2000万儿童。今天，中国家长对早期教育的渴望和重视，应该说是达到了近几十年来的高峰。很多孩子还没有出生就开始接受胎教；有条件的医院，孩子出生的第一天就可以进行游泳训练；从几个月开始就到早教机构去上课，已成为绝大多数城市儿童不可缺少的生活内容。每课时几十元到几百元不等的早教课程，孩子们究竟在学什么？孩子们学到的东西对他今后的成长是有益的、无用的还是有害的？家长无从考证，因为孩子还太小，因为学习效果无法量化，因为效果需要时间去验证。在我的孩子两三岁的时候，我也像其他父母一样，开始为孩子寻找早教机构。然而，我跑遍了整个北京，没有找到一个“理想国”。我发现，在儿童早期教育理论上基本上是引进版：要么是蒙氏，要么是双语，而且很多是名不符实。这与我们这样有着几千年文化积淀的大国和正走在伟大复兴之路的强国是极不适应的。我们并不反对国外先进的教育理念，而是更加强调早期教育要与时代结合、与国情结合，要与时俱进、实事求是。

## 只认洋品牌

在早教机构的选择上，有许多父母盲目推崇洋品牌，对来自海外的早教观念顶礼膜拜，对有着各种洋名字的早教机构趋之若鹜。在此，给大家介绍一下目前在中国市场比较流行的“洋理念”。

第一种：早教就是自由地玩。这种理念通常源自美国、欧洲等发达国家，应当说这种理念以孩子快乐为目的，让孩子甚至是家长体验快乐。通常这样的机构都是设在高档商业地段，面积达到近千平方米，租金高昂，装修豪华，拥有大型活动玩具，家长甚至感到带孩子到这里来是一种“荣耀”，这些机构定位也是所谓给金领、外企背景家长提供亲子体验的，这些品牌更多的是做给家长消费的，因为如此高的费用是要通过高收费来转嫁的，并不适合中国大多数普通收入的家庭。

第二种：早教就是给孩子以爱，将家长教育成教师。这类机构更多的是拿来国外的某些理念，甚至是美国政府的一种政策导向，并无任何实质课程内容，只是引进了英文缩写，便在市场上大行其道了。因为早教是一种新生事物，许多国人并不甚了解，也都盲目报名，体验感觉。这样的机构类似“皇帝的新装”，只要家长认真一下，就能了解到底教给孩子什么了。这些机构课程多以英语、音乐、涂鸦、生日会为主，体现洋化生活方式。我们提倡向西方学习先进的理念，但孩子的教育一定要打上本土烙印，中学为体，西学为用，否则，“海归”很有可能成“海待”。

国情不同，教育理念差别很大。加拿大、俄罗斯政府鼓励生育，每个孩子出生政府分配给母亲牛奶金，但我们国家实行计划生育，我们的社会福利保障体系与西方发达国家差距还很大，正所谓“穷人的孩子早当家”。许多家长认识不到这一点，认为孩子就应当玩，有的孩子上洋品牌的早教机构学如何爬，每小时的费用高达300元。在发达的欧美国家这不算什么，但在中国大陆，家长们就要好好掂量一下值不值了。许多洋品牌开设有涂鸦课程，是教给孩子随意涂鸦，让孩子撕纸发泄情绪，不知道中国家长是否认为孩子能从中学到什么？

特别提醒各位家长的是：洋品牌很难让孩子与中国本土小学接轨，几乎所有外来洋品牌都来自发达国家，对中国的国情不了解。现举例说明：今天在上海有不成文的要求，普通小学要求孩子的入学识字量一定要突破500个字，重点小学要突破1000个汉字以上，而洋品牌英语都不能与国内小学接轨，汉字就更谈不上了。结果，上了洋品牌早教机构的孩子升入小学还是有些跟不上，“高峰体验”出不来。许多家长又另外花钱给孩子上辅导班，又花时间又浪费金钱。从中我们不难看出：不是早教不好，而是选错了品牌。

## 专注热项目

近年来，“钢琴热”“英语热”“奥数热”“感觉统合热”席卷全国，其实，这些课程并不是每个孩子都可以上，如果想学钢琴，孩子一定要有音乐基因，有的家庭家族中几乎没有这方面的基因，让孩子学钢琴只能是劳民伤财；“感觉统合”实际上就是运动少造成的身体协调性差，这完全归因于我们现在住在高楼大厦里，孩子很少有玩伴和游戏，我们小时候，滚铁环、弹玻璃球等游戏都能玩到，可现在的孩子连这些都玩不到，造成手眼失调，家长周末多带孩子去郊外、公园玩一玩就调整过来了。总之，孩子的时间是有限的，什么都学往往什么都学不好。现在很多家长就只管给孩子报班，花钱买心安，不问孩子的教育效果，不去了解孩子的优势智能。许多家长不了解孩子的兴趣特长，不了解相关教育机构的教学质量，盲目跟风，强迫孩子学，使孩子非常反感，甚至厌学，不但浪费了金钱还耽误了孩子宝贵的智能发展黄金期。每一个孩子都是独特的，家长绝对不要盲目攀比，要根据孩子的优势智能进行潜能开发。

一些家长认为识字、心算不是早教，但在早教最发达的以色列，识字阅读和心算是最重要的早教内容。中国汉字是最好的“能量源”之一。中国是四大文明古国之一，有着悠久的历史和灿烂的文化，经过千年更迭，四大文明唯有中国文明得以复兴，其他文明均已没落，汉字功不可没。有人将汉字称之为中国四大发明之外对人类的又一大发明贡献，汉字是世界上唯一音、形、义三合一的文字，是全息的信息载体。世界上大多数文字都是一维或表音或表意，唯有汉字是三合一，因此，孩子们完全可以从一个汉字入手来吸收中国文化的营养，也就是所谓的“字本位”。汉字的两大造字系统：象形与图像同源，极大开发了右脑；会意与逻辑相通，极大地开发了左脑，所以，汉字被誉为中国文化的基因。汉字、珠算、筷子被日本学者公认为“中国人聪明的遗传密码”，是开发儿童潜能极好的工具。世界脑力锦标赛创始人、教育专家托尼伯赞说：“中国人的大脑蕴藏着巨大的潜能，中国的汉字复杂多变，相对于26个英文字母，中国人更有优势学好知识，提高大脑的创造力，每个孩子都有可能是天才。”

能量教育将汉字作为充足儿童能量的主要课程，是建立在对中国文化深刻理解的基础上的。“字海冲浪”将常用的2500个汉字编成儿歌，又将笔画拆解为“冲浪板”玩具，让孩子们在轻松的游戏中玩会汉字，并极大地开启了观察、动手、逻辑、想象、表达等多元智能，做到了举一反三、融会贯通的最高境界。通过这样的识字方法，孩子可以喜欢汉字、悟出字理、爱上阅读，中国许多天才都是从早识字开始的。

在家长会上，有位很爱思考的妈妈曾问过我这样的问题：2500个汉字，我的孩子12岁小学毕业时也都学会了，为什么要在6岁前上能量娃的“字海冲浪”？我跟她讲：原因有三点：

其一，早识字可以培养孩子的自主学习能力。我女儿5岁过了识字关后，自主学习的欲望特别强，总是让我给她买书看。在小学期间，她的学习从来不用我们家长操心。许多家长可能有这样的体会：孩子上小学最难的关口是数学应用题，许多孩子数学不好，就是从应用题开始的。其实，应用题不会并不完全是数学思维问题，很多孩子都是因为不识字弄不通题意，完全是语文问题。孩子语文不好就是不理解字意造成的，结果，识字没有过关，导致语文不好，进一步导致数学应用题不好，恶性循环开始，这才是问题的根源。相反，女儿婷婷的实例充分说明，早识字一举多得：识字早，阅读多，语文好，数学好，外语也就更轻松了，学习越来越轻松，良性循环，成功乃是成功之父，孩子就会自主学习，不断追求成功的高峰体验，这不正是我们家长最省心、最期盼的吗？现在，许多中学生上网成瘾，但我女儿和儿子自律很好，因为他们喜欢阅读，而不是读图，所以，识字早可以培养良好的自主学习能力，把“要我学”转化为“我要学”。

识字早对于普通孩子如此重要，对于特殊孩子甚至可以“救命”。这里给大家讲一件赏识教育创始人周弘老师亲身经历的事：周弘的女儿婷婷，出生后患有先天耳聋，这对于周弘无异于晴天霹雳。但从不了解早教的他下定决心，为了女儿要成为早教专家。女儿不会说话，周弘就教孩子早识字，孩子开心极了。一天，周弘和妻子出去晨练，女儿睡醒了，发现双亲都不在家，急得大哭。周弘夫妇回家后发现忘了带钥匙，怎么喊女儿都听不见。最后，情急中，周弘在纸上写上几个字：“爸爸、妈妈回来了，开门!”，把窗户砸碎，用棍子挑着伸到房间里，小婷婷看见了，把门打开，一家人抱头痛哭。如果婷婷不识字，这局面不知道会如何？

其二，阅读可以极大地提升孩子的情商和择商。我可以问您一个问题吗？您从小是否读过四大名著？请注意，这个问题我在清华会馆曾问过参会的家长，家长中不乏北大、清华的高级知识分子，敢举手回答的人是零。知道四大名著，但认真阅读过的人为什么这样少呢？我经过研究发现：是我们的教育出了问题，即使是我女儿上的北京中关村二小，学习汉字也是按部就班，一篇课文几个生字，到了小学毕业时才学会

2500个常用汉字。可是，小学一毕业升入初中，数学抽象起来，物理、化学全都开始上了，学习一下子有了难度，请问，孩子哪里有时间和心情认真阅读四大名著。但毛泽东从小就看过这些“禁书”，毛泽东是从小上过私塾，3岁就过了识字关，通读四书五经。而且，这些还满足不了他的兴趣，所以，毛泽东从小偷偷阅读了四大名著，在不同场合和他的著作中都有这样的记录：他的造反思想来自《水浒》，他的谋略思想取自《三国演义》，他的内部斗争思想源于《红楼梦》，他的信念借鉴于《西游记》。不仅如此，毛泽东深通《孙子兵法》，所以，我们在电视剧《长征》中看到这样的剧情：来自苏联的军事顾问李德质问毛泽东从没有上过军事学院，靠什么来指挥打仗，毛泽东告诉他：“我是靠《孙子兵法》和《三国演义》。”李德愕然……

毛泽东戎马一生，直到晚年还保持着阅读的好习惯，二十四史、《资治通鉴》都是他反复阅读的经典，最后，在他的视力不好的时候，还吩咐身边工作人员帮他读书，可见，阅读是伟大领袖在智商、情商、择商等诸方面高于常人、为人类作出更大贡献的秘诀。

要想阅读，必先识字，这是古今中外的铁律。因为人类的智慧来源有两个渠道：直接经验和间接经验，读万卷书，开卷有益，阅读是打开智慧之门的金钥匙，孩子的阅历尚浅，相对成年人直接经验多的优势，孩子智慧增加的最佳途径就是阅读，读名著和经典是提升孩子智慧的最佳来源。

世界首富比尔·盖茨的父亲是一位优秀的律师，在盖茨刚出生不久，父亲就让他熟悉英文字母，不到6岁就背会了犹太经典《塔木德》《圣经》，9岁前比尔·盖茨已经阅读完了《大英百科全书》，所以，他的智商、择商非常高，后来才能取得常人无法企及的事业成就。

犹太人曾经告诉孩子：当家里着火的时候，什么都可以不要，唯一要抢救的就是书。犹太人是世界上最重视知识的民族，曾有这样一个经典故事在犹太人世界多年传承：一个小男孩，由于家里太穷无钱买书，只好爬到小学教室的天窗上偷听，结果，被冻僵在房顶，后来，这个爱读书的孩子成长为大企业家——洛克菲勒。

刚刚去世的科学巨匠钱学森，从小上私塾，3 岁就开始背诵四书五经，识字早，阅读早，心智的潜能就被开发出来了！

我让女儿、儿子早识字也是受到这些伟人的启发，实践证明，早识字是真有大益处的。

其三，“字海冲浪”玩中学不仅是识字的利器，还是开发多元智能的平台。这是特别应该引起家长重视的。在能量娃“字海冲浪”之前，社会上流行的识字方法大都是用阅读带识字，《三字经》《百家姓》《千字文》也都能让孩子依赖不断重复来识字，这种方法最早我也用在我自己两个孩子的启蒙上，但有两个弊端：一是孩子们不喜欢，太枯燥；二是有些字在文中认识，一旦单个拿出来就会不认识，说明这只是依赖孩子的机械记忆力，没有理解汉字的本意。至于，汉字中的形近字、同音字孩子就更容易搞混，而“字海冲浪”是从汉字单个字体出发，把汉字作为独立的单位，用儿歌解构汉字，又用冲浪板来让孩子动手玩汉字，在学的过程中调动了眼看、耳听、动手、动脑、动嘴等多种感官活动，极大地开发了孩子的多种潜能。依据最新脑科学成果，0 ~ 8 岁孩子的潜能处于开发敏感期，大脑神经元可以连接，通过这些感官刺激大脑就会变得聪明。现在大家可以把大脑想象为一个城市，如果这个城市的地铁、公路都很宽、很畅通，这个城市的发达程度就会比较高，这与大脑神经元的连接道理是一样的，但一旦孩子长大到 12 岁时，大脑神经元的连接就基本停止了，也就是说，再想在城市里建设高速路已经不可能了。

“能量娃”的孩子（包括我自己的儿女），由于从小培养了良好的阅读好习惯，他们的口头语言表达能力、书面语言表达能力都在同学中是佼佼者，情商、择商这些依赖于远见和表达能力的成功关键就是这样一步步培养出来的。

由此可见，6 岁前通过“字海冲浪”玩会 2500 个汉字，不但为孩子节省近 6 年的阅读时间，（试想一下，6 年时间可以阅读多少人类宝贵的精神财富啊！）而且还会极大开发出孩子的多元智能，使孩子变得比同龄人聪明许多！

从阅读量和脑发育两个角度来看，12 岁在小学里会了 2500 个汉字，和孩子在 6 岁前通过能量娃“字海冲浪”学会 2500 个汉字是有天壤之别的。

心算是培养孩子对数字的敏感，许多家长认为孩子有注意力不集中的“毛病”，通过双手拨珠的珠心算训练可以极大地开发右脑，在右脑中形成脑映象，培养孩子专注力、快速反应力、动手能力、想象力。珠心算作为我国非物质文化遗产的代表已经被联合国批准，我国财政部原副部长、现任中国珠心算协会主席迟海斌亲自领衔，协同国家教委、中央教科所在全国历时 6 年，跟踪若干学习珠心算的儿童，并进行了脑测试，将学习心算的儿童与正常儿童进行对比，发现学习珠心算的孩子的确在右脑显示出能量突出，从而科学认证了心算的确有利于大脑潜能开发。需要指出的是：科学的珠心算一定是双手拨珠，能量娃的“能量神算”是北京珠心算协会指定的唯一教师培训基地。

在心算的学习上，许多家长都有这样的误解：认为心算不能与小学数学接轨，所以孩子没必要学习。其实，练习心算主要是开发右脑，右脑的潜能是左脑的 100 万倍，数学思维中的逻辑主要在左脑，学习心算的目的本身就不是纯粹为了数学能力，现在脑科学的结论是全脑人才是最具竞争力的，如果家长希望开发孩子的数学潜能可以选择能量娃的

“数海冲浪”。

犹太人在孩子出生后不久就把书涂上蜂蜜让孩子舔书，从小让孩子知道书是甜的，以培养孩子阅读的兴趣。教孩子心算也是犹太人的早教重点，所以我们就看到这样的情景：以色列商人在参观工厂后经常第一时间就将商品成本算出来，让谈判对手惊讶不已，所以犹太商人被誉为世界上最成功的商人和科学家。

## 早教是一种投资

有些家长非常计较早教的费用，总是计较学费的高低，总是希望学费打折，殊不知：教育是投资，不是消费，消费是没有回报的，而投资是讲究回报的。美国做过一份跟踪调查，早教可以让孩子成年后的工资比没有接受过孩子的高 4 倍。现在，许多重点中小学都有不菲的择校费，这些钱家长是交给学校了，而孩子已经错过了智能发展的黄金期。在孩子的大脑可塑性最强的学前阶段进行开发，这时投资的回报是最高的。我经常讲 0 ~ 8 岁时大脑就类似计算机可以升级的时候，计算机的运转 286 与双核差距有多大。同样道理，如果孩子从小就开始对学习感兴趣，大脑神经元发生联系，有了主动的求知欲，将来不用家长逼着学，这会给家长省多少心、省多少钱呢？

2001 年的时候，一知名高校 MBA 学费才 3 万多元，2009 年金融危机后，要进修的职场人士越来越多，学费已经涨到 30 万元而且要面试过关才准入学，即便如此仍然报不上名。为什么？因为教育是投资不是消费，清华毕业的学生如果在跨国公司就职，这些学费很可能就是半年的工资而已。孩子上国际学校，每年学费都在 10 万元以上。如果将来出国留学每年要 3 ~ 5 万美元。为什么出国热愈演愈烈，关键是回国后发展的高度不一样了，投入多产出也多。

## 附录：

# 教育部关于印发《幼儿园教育指导纲要（试行）》的通知

教基〔2001〕20号

各省、自治区、直辖市教育厅（教委）、新疆生产建设兵团教委，部属师范大学：

为进一步贯彻第三次全国教育工作会议和全国基础教育工作会议精神，落实《国务院关于基础教育改革与发展的决定》，推进幼儿园实施素质教育，全面提高幼儿园教育质量，现将《幼儿园教育指导纲要（试行）》（以下简称《纲要》）印发给你们，从2001年9月起试行，并就贯彻实施《纲要》的有关问题通知如下：

一、《纲要》是根据党的教育方针和《幼儿园工作规程》（以下简称《规程》）制定的，是指导广大幼儿教师将《规程》的教育思想和观念转化为教育行为的指导性文件。各地教育行政部门要对《纲要》的实施工作给予充分重视，认真抓好。

要积极利用多种宣传媒介，采取多种形式，广泛、深入地宣传《纲要》，使广大幼儿教育工作者、幼儿家长以及社会人士都能了解《纲要》的指导思想和基本要求。

要通过多种形式的学习和培训，认真组织各级教育行政部门负责幼儿教育工作的行政人员、教研人员、幼儿园园长和教师学习和理解《纲要》，以有效地依据《纲要》的指导思想和基本要求，根据儿童发展的实际需要，制订教育计划和组织教育活动，进一步更新教育观念，提高教育技能。

二、贯彻实施《纲要》，要坚持因地制宜、实事求是的原则，认真制定本地贯彻《纲要》的实施方案。应从具体情况出发，切忌搞“一刀切”。各地可采取先试点的方法，对不同地区、不同类型、不同条件的幼儿园，分别提出不同的要求，待取得经验后逐步推开。

三、设有学前教育专业的高等师范院校和幼儿师范学校要认真、深入地学习《纲要》的精神，改革现行学前教育课程和师资培养方式，并主动配合教育行政部门做好贯彻实施《纲要》的宣传和培训工作。

四、各地在实施《纲要》的过程中，要注意不断研究和解决出现的困难和问题，要注意总结积累经验，并及时反映给我部。

1981 年颁发的《幼儿园教育纲要（试行草案）》同时废止。

教育部

二〇〇一年七月二日

# 幼儿园教育指导纲要（试行）

## 第一部分　总　则

一、为贯彻《中华人民共和国教育法》、《幼儿园管理条例》和《幼儿园工作规程》，指导幼儿园深入实施素质教育，特制定本纲要。

二、幼儿园教育是基础教育的重要组成部分，是我国学校教育和终身教育的奠基阶段。城乡各类幼儿园都应从实际出发，因地制宜地实施素质教育，为幼儿一生的发展打好基础。

三、幼儿园应与家庭、社区密切合作，与小学相互衔接，综合利用各种教育资源，共同为幼儿的发展创造良好的条件。

四、幼儿园应为幼儿提供健康、丰富的生活和活动环境，满足他们多方面发展的需要，使他们在快乐的童年生活中获得有益于身心发展的经验。

五、幼儿园教育应尊重幼儿的人格和权利，尊重幼儿身心发展的规律和学习特点，以游戏为基本活动，保教并重，关注个别差异，促进每个幼儿富有个性的发展。

## 第二部分　教育内容与要求

幼儿园的教育内容是全面的、启蒙性的，可以相对划分为健康、语言、社会、科学、艺术五个领域，也可作其他不同的划分。各领域的内容相互渗透，从不同的角度促进幼儿情感、态度、能力、知识、技能等方面的发展。

## 一、健康

### （一）目标

1. 身体健康，在集体生活中情绪安定、愉快；

2. 生活、卫生习惯良好，有基本的生活自理能力；

3. 知道必要的安全保健常识，学习保护自己；

4. 喜欢参加体育活动，动作协调、灵活。

### （二）内容与要求

1. 建立良好的师生、同伴关系，让幼儿在集体生活中感到温暖，心情愉快，形成安全感、信赖感。

2. 与家长配合，根据幼儿的需要建立科学的生活常规。培养幼儿良好的饮食、睡眠、盥洗、排泄等生活习惯和生活自理能力。

3. 教育幼儿爱清洁、讲卫生，注意保持个人和生活场所的整洁和卫生。

4. 密切结合幼儿的生活进行安全、营养和保健教育，提高幼儿的自我保护意识和能力。

5. 开展丰富多彩的户外游戏和体育活动，培养幼儿参加体育活动的兴趣和习惯，增强体质，提高对环境的适应能力。

6. 用幼儿感兴趣的方式发展基本动作，提高动作的协调性、灵活性。

7. 在体育活动中，培养幼儿坚强、勇敢、不怕困难的意志品质和主动、乐观、合作的态度。

### （三）指导要点

1. 幼儿园必须把保护幼儿的生命和促进幼儿的健康放在工作的首

位。树立正确的健康观念，在重视幼儿身体健康的同时，要高度重视幼儿的心理健康。

2. 既要高度重视和满足幼儿受保护、受照顾的需要，又要尊重和满足他们不断增长的独立要求，避免过度保护和包办代替，鼓励并指导幼儿自理、自立的尝试。

3. 健康领域的活动要充分尊重幼儿生长发育的规律，严禁以任何名义进行有损幼儿健康的比赛、表演或训练等。

4. 培养幼儿对体育活动的兴趣是幼儿园体育的重要目标，要根据幼儿的特点组织生动有趣、形式多样的体育活动，吸引幼儿主动参与。

## 二、语言

### （一）目标

1. 乐意与人交谈，讲话礼貌；
2. 注意倾听对方讲话，能理解日常用语；
3. 能清楚地说出自己想说的事；
4. 喜欢听故事、看图书；
5. 能听懂和会说普通话。

### （二）内容与要求

1. 创造一个自由、宽松的语言交往环境，支持、鼓励、吸引幼儿与教师、同伴或其他人交谈，体验语言交流的乐趣，学习使用适当的、礼貌的语言交往。

2. 养成幼儿注意倾听的习惯，发展语言理解能力。

3. 鼓励幼儿大胆、清楚地表达自己的想法和感受，尝试说明、描述简单的事物或过程，发展语言表达能力和思维能力。

4. 引导幼儿接触优秀的儿童文学作品，使之感受语言的丰富和优美，并通过多种活动帮助幼儿加深对作品的体验和理解。

5. 培养幼儿对生活中常见的简单标记和文字符号的兴趣。

6. 利用图书、绘画和其他多种方式，引发幼儿对书籍、阅读和书写的兴趣，培养前阅读和前书写技能。

7. 提供普通话的语言环境，帮助幼儿熟悉、听懂并学说普通话。少数民族地区还应帮助幼儿学习本民族语言。

#### （三）指导要点

1. 语言能力是在运用的过程中发展起来的，发展幼儿语言的关键是创设一个能使他们想说、敢说、喜欢说、有机会说并能得到积极应答的环境。

2. 幼儿语言的发展与其情感、经验、思维、社会交往能力等其他方面的发展密切相关，因此，发展幼儿语言的重要途径是通过互相渗透的各领域的教育，在丰富多彩的活动中去扩展幼儿的经验，提供促进语言发展的条件。

3. 幼儿的语言学习具有个别化的特点，教师与幼儿的个别交流、幼儿之间的自由交谈等，对幼儿语言发展具有特殊意义。

4. 对有语言障碍的儿童要给予特别关注，要与家长和有关方面密切配合，积极地帮助他们提高语言能力。

### 三、社会

#### （一）目标

1. 能主动地参与各项活动，有自信心；

2. 乐意与人交往，学习互助、合作和分享，有同情心；

3. 理解并遵守日常生活中基本的社会行为规则；

4. 能努力做好力所能及的事，不怕困难，有初步的责任感；

5. 爱父母长辈、老师和同伴，爱集体、爱家乡、爱祖国。

（二）内容与要求

1. 引导幼儿参加各种集体活动，体验与教师、同伴等共同生活的乐趣，帮助他们正确认识自己和他人，养成对他人、社会亲近、合作的态度，学习初步的人际交往技能。

2. 为每个幼儿提供表现自己长处和获得成功的机会，增强其自尊心和自信心。

3. 提供自由活动的机会，支持幼儿自主地选择、计划活动，鼓励他们通过多方面的努力解决问题，不轻易放弃克服困难的尝试。

4. 在共同的生活和活动中，以多种方式引导幼儿认识、体验并理解基本的社会行为规则，学习自律和尊重他人。

5. 教育幼儿爱护玩具和其他物品，爱护公物和公共环境。

6. 与家庭、社区合作，引导幼儿了解自己的亲人以及与自己生活有关的各行各业人们的劳动，培养其对劳动者的热爱和对劳动成果的尊重。

7. 充分利用社会资源，引导幼儿实际感受祖国文化的丰富与优秀，感受家乡的变化和发展，激发幼儿爱家乡、爱祖国的情感。

8. 适当向幼儿介绍我国各民族和世界其他国家、民族的文化，使其感知人类文化的多样性和差异性，培养理解、尊重、平等的态度。

（三）指导要点

1. 社会领域的教育具有潜移默化的特点。幼儿社会态度和社会情感的培养尤应渗透在多种活动和一日生活的各个环节之中，要创设一个能使幼儿感受到接纳、关爱和支持的良好环境，避免单一呆板的言语说教。

2. 幼儿与成人、同伴之间的共同生活、交往、探索、游戏等，是其社会学习的重要途径。应为幼儿提供人际间相互交往和共同活动的机会和条件，并加以指导。

3. 社会学习是一个漫长的积累过程，需要幼儿园、家庭和社会密切合作，协调一致，共同促进幼儿良好社会性品质的形成。

## 四、科学

### （一）目标

1. 对周围的事物、现象感兴趣，有好奇心和求知欲；

2. 能运用各种感官，动手动脑，探究问题；

3. 能用适当的方式表达、交流探索的过程和结果；

4. 能从生活和游戏中感受事物的数量关系并体验到数学的重要和有趣；

5. 爱护动植物，关心周围环境，亲近大自然，珍惜自然资源，有初步的环保意识。

### （二）内容与要求

1. 引导幼儿对身边常见事物和现象的特点、变化规律产生兴趣和探究的欲望。

2. 为幼儿的探究活动创造宽松的环境，让每个幼儿都有机会参与尝试，支持、鼓励他们大胆提出问题，发表不同意见，学会尊重别人的观点和经验。

3. 提供丰富的可操作的材料，为每个幼儿都能运用多种感官、多种方式进行探索提供活动的条件。

4. 通过引导幼儿积极参加小组讨论、探索等方式，培养幼儿合作学习的意识和能力，学习用多种方式表现、交流、分享探索的过程和结果。

5. 引导幼儿对周围环境中的数、量、形、时间和空间等现象产生兴趣，建构初步的数概念，并学习用简单的数学方法解决生活和游戏中某些简单的问题。

6. 从生活或媒体中幼儿熟悉的科技成果入手，引导幼儿感受科学技术对生活的影响，培养他们对科学的兴趣和对科学家的崇敬。

7. 在幼儿生活经验的基础上，帮助幼儿了解自然、环境与人类生活的关系。从身边的小事入手，培养初步的环保意识和行为。

### （三）指导要点

1. 幼儿的科学教育是科学启蒙教育，重在激发幼儿的认识兴趣和探究欲望。

2. 要尽量创造条件让幼儿实际参加探究活动，使他们感受科学探究的过程和方法，体验发现的乐趣。

3. 科学教育应密切联系幼儿的实际生活进行，利用身边的事物与现象作为科学探索的对象。

## 五、艺术

### （一）目标

1. 能初步感受并喜爱环境、生活和艺术中的美；

2. 喜欢参加艺术活动，并能大胆地表现自己的情感和体验；

3. 能用自己喜欢的方式进行艺术表现活动。

### （二）内容与要求

1. 引导幼儿接触周围环境和生活中美好的人、事、物，丰富他们的感性经验和审美情趣，激发他们表现美、创造美的情趣。

2. 在艺术活动中面向全体幼儿，要针对他们的不同特点和需要，让每个幼儿都得到美的熏陶和培养。对有艺术天赋的幼儿要注意发展他们的艺术潜能。

3. 提供自由表现的机会，鼓励幼儿用不同艺术形式大胆地表达自己的情感、理解和想象，尊重每个幼儿的想法和创造，肯定和接纳他们独特的审美感受和表现方式，分享他们创造的快乐。

4. 在支持、鼓励幼儿积极参加各种艺术活动并大胆表现的同时，帮助他们提高表现的技能和能力。

5. 指导幼儿利用身边的物品或废旧材料制作玩具、手工艺品等来美化自己的生活或开展其他活动。

6. 为幼儿创设展示自己作品的条件，引导幼儿相互交流、相互欣赏、共同提高。

### （三）指导要点

1. 艺术是实施美育的主要途径，应充分发挥艺术的情感教育功能，促进幼儿健全人格的形成。要避免仅仅重视表现技能或艺术活动的结果，而忽视幼儿在活动过程中的情感体验和态度的倾向。

2. 幼儿的创作过程和作品是他们表达自己的认识和情感的重要方式，应支持幼儿富有个性和创造性的表达，克服过分强调技能技巧和标准化要求的偏向。

3. 幼儿艺术活动的能力是在大胆表现的过程中逐渐发展起来的，教师的作用应主要在于激发幼儿感受美、表现美的情趣，丰富他们的审美经验，使之体验自由表达和创造的快乐。在此基础上，根据幼儿的发展状况和需要，对表现方式和技能技巧给予适时、适当的指导。

## 第三部分　组织与实施

一、幼儿园的教育是为所有在园幼儿的健康成长服务的，要为每一个儿童，包括有特殊需要的儿童提供积极的支持和帮助。

二、幼儿园的教育活动，是教师以多种形式有目的、有计划地引导幼儿生动、活泼、主动活动的教育过程。

三、教育活动的组织与实施过程是教师创造性地开展工作的过程。教师要根据本《纲要》，从本地、本园的条件出发，结合本班幼儿的实际情况，制订切实可行的工作计划并灵活地执行。

四、教育活动目标要以《幼儿园工作规程》和本《纲要》所提出的各领域目标为指导，结合本班幼儿的发展水平、经验和需要来确定。

五、教育活动内容的选择应遵照本《纲要》第二部分的有关条款进行，同时体现以下原则：

（一）既适合幼儿的现有水平，又有一定的挑战性。

（二）既符合幼儿的现实需要，又有利于其长远发展。

（三）既贴近幼儿的生活来选择幼儿感兴趣的事物和问题，又有助于拓展幼儿的经验和视野。

六、教育活动内容的组织应充分考虑幼儿的学习特点和认识规律，各领域的内容要有机联系，相互渗透，注重综合性、趣味性、活动性，寓教育于生活、游戏之中。

七、教育活动的组织形式应根据需要合理安排，因时、因地、因内容、因材料灵活地运用。

八、环境是重要的教育资源，应通过环境的创设和利用，有效地促进幼儿的发展。

（一）幼儿园的空间、设施、活动材料和常规要求等应有利于引发、支持幼儿的游戏和各种探索活动，有利于引发、支持幼儿与周围环境之间积极的相互作用。

（二）幼儿同伴群体及幼儿园教师集体是宝贵的教育资源，应充分发挥这一资源的作用。

（三）教师的态度和管理方式应有助于形成安全、温馨的心理环境；言行举止应成为幼儿学习的良好榜样。

（四）家庭是幼儿园重要的合作伙伴。应本着尊重、平等、合作的原则，争取家长的理解、支持和主动参与，并积极支持、帮助家长提高教育能力。

（五）充分利用自然环境和社区的教育资源，扩展幼儿生活和学习的空间。幼儿园同时应为社区的早期教育提供服务。

九、科学、合理地安排和组织一日生活。

（一）时间安排应有相对的稳定性与灵活性，既有利于形成秩序，又能满足幼儿的合理需要，照顾到个体差异。

（二）教师直接指导的活动和间接指导的活动相结合，保证幼儿每天有适当的自主选择和自由活动时间。教师直接指导的集体活动要能保证幼儿的积极参与，避免时间的隐性浪费。

（三）尽量减少不必要的集体行动和过渡环节，减少和消除消极等待现象。

（四）建立良好的常规，避免不必要的管理行为，逐步引导幼儿学习自我管理。

十、教师应成为幼儿学习活动的支持者、合作者、引导者。

（一）以关怀、接纳、尊重的态度与幼儿交往。耐心倾听，努力理解幼儿的想法与感受，支持、鼓励他们大胆探索与表达。

（二）善于发现幼儿感兴趣的事物、游戏和偶发事件中所隐含的教育价值，把握时机，积极引导。

（三）关注幼儿在活动中的表现和反应，敏感地察觉他们的需要，及时以适当的方式应答，形成合作探究式的师生互动。

（四）尊重幼儿在发展水平、能力、经验、学习方式等方面的个体差异，因人施教，努力使每一个幼儿都能获得满足和成功。

（五）关注幼儿的特殊需要，包括各种发展潜能和不同发展障碍，与家庭密切配合，共同促进幼儿健康成长。

十一、幼儿园教育要与0～3岁儿童的保育教育以及小学教育相互衔接。

## 第四部分　教育评价

一、教育评价是幼儿园教育工作的重要组成部分，是了解教育的适宜性、有效性，调整和改进工作，促进每一个幼儿发展，提高教育质量的必要手段。

二、管理人员、教师、幼儿及其家长均是幼儿园教育评价工作的参与者。评价过程是各方共同参与、相互支持与合作的过程。

三、评价的过程，是教师运用专业知识审视教育实践，发现、分析、研究、解决问题的过程，也是其自我成长的重要途径。

四、幼儿园教育工作评价实行以教师自评为主，园长以及有关管理人员、其他教师和家长等参与评价的制度。

五、评价应自然地伴随着整个教育过程进行。综合采用观察、谈话、作品分析等多种方法。

六、幼儿的行为表现和发展变化具有重要的评价意义，教师应视之为重要的评价信息和改进工作的依据。

七、教育工作评价宜重点考察以下方面：

（一）教育计划和教育活动的目标是否建立在了解本班幼儿现状的基础上。

（二）教育的内容、方式、策略、环境条件是否能调动幼儿学习的积极性。

（三）教育过程是否能为幼儿提供有益的学习经验，并符合其发展需要。

（四）教育内容、要求能否兼顾群体需要和个体差异，使每个幼儿都能得到发展，都有成功感。

（五）教师的指导是否有利于幼儿主动、有效地学习。

八、对幼儿发展状况的评估，要注意：

（一）明确评价的目的是了解幼儿的发展需要，以便提供更加适宜的帮助和指导。

（二）全面了解幼儿的发展状况，防止片面性，尤其要避免只重知识和技能，忽略情感、社会性和实际能力的倾向。

（三）在日常活动与教育教学过程中采用自然的方法进行。平时观察所获得具有典型意义的幼儿行为表现和所积累的各种作品等，是评价的重要依据。

（四）承认和关注幼儿的个体差异，避免用统一的标准评价不同的幼儿，在幼儿面前慎用横向的比较。

（五）以发展的眼光看待幼儿，既要了解现有水平，更要关注其发展的速度、特点和倾向等。

# 后记

## 女儿眼中的能量老爸

婷 婷

我一直都觉得我是这个世界上最幸福的女孩，因为我有一位可以无时无刻都让我感到幸福的能量老爸。

我爸跟其他的爸爸不一样：温和，好脾气，爱家，开明，激情，爱读书，思维活跃，热爱体育，不抽烟，不喝酒，擅长演讲，朋友多，人缘好。反正就是优点很多，无穷多。

记得很小的时候，老爸就开车载着我上各种各样的特长班，艺术的，体育的，文艺的。所以小的时候我几乎什么都会：钢琴，大提琴，二胡，口琴，游泳，乒乓球，水滑，旱滑，画画，芭蕾。我觉得现在我左右脑开发得如此之好，一定是因为小的时候学了好多，差不多该学的都学了。所以，在同龄人中，我以绝对的优势达到了鹤立鸡群的优秀。从那时起，自信的阳光就向我这里射过来了，并且在日后自信的光芒变得越来越耀眼。

在我上小学之前，我老爸特别有远见地带我上了识字很多的课外班，这个课外班的老师就是我那个可爱的老爸自己。老爸用一种特殊的识字法让我在很短的时间里就学会了好多好多的汉字，对汉字有一种别样的亲切，可以特别流利地读读古诗啦、看看四大名著啦、写写小日记之类的。

我比同龄人早上一年学，奶奶说我在幼儿园的时候，她觉得我记东西特别快，于是她老人家就建议让我提前上学。结果我五岁半时考上了中关村二小。

后来在101中学的时候，老师曾经做过一次调查，问到现在为止谁一个补习班都没上过，结果就我举手了。这事儿我记得特别清楚，因为那会儿同学都特羡慕我。我也是后来才发现，学前的时候打的基础才是最大的功臣。

只是那段时间，老爸老妈忙得不得了，很少有时间管我。或许骨子里好胜，学习方面从没让爸妈操心过，生活方面更是自立。爸妈虽然没怎么管我，但是他们在那段时间教给我的东西却让我再一次超越了同龄人一大截，《论语》《孙子兵法》《弟子规》《老子》……好多圣贤书，直到现在都用得上。

我最喜欢找老爸聊天，每一次，老爸都能带给我好多启示和道理：性格，人品，抉择，取舍，目标，方向。老爸不会因为一次考试成绩而怎样，他说那就是我人生道路上取得成功的手段罢了。老爸常说："得过冠军的运动员是不会轻易退出赛场的。"这句话用到我身上特好，是冠军的人无论在哪个赛场都是冠军。

现在，我老爸作为能量教育的首席教育专家，每个周末都会在各个“能量娃”会馆给更多的小朋友和他们的父母“上课”，让更多的父母更早知道成功早教的秘诀，让更多的小朋友更早体会成功的快乐。现在“能量娃”在北京已经有二十几家会馆了，其他城市更多。爸爸几乎每个周末都在会馆，我有时也很嫉妒“能量娃”，他们夺走了我和老爸的周末。但是，如果能让更多的小朋友成为能量娃，我把爸爸让出去也是值得的！同时，我也希望更多的爸爸都充满能量，都变成能量老爸，把我的爸爸还给我，谢谢！

我在这里对我老爸说：“爸，谢啦！”也衷心祝福所有的小朋友们快快乐乐、身体健康、茁壮成长！

（作者简介：婷婷，能量老爸的女儿，能量娃原型，现就读于北京 101 中学。）

# 致谢

2009 年 12 月 25 日圣诞节，本书终于完成草稿，这期间，特别感谢能量娃董事长秦孟周先生，为本书的完稿给予我时间上精神上最大支持；也感谢达庄先生在能量教育前期理论方面的价值建构；感谢栾祖荣女士在能量教育课程体系、教育原则等方面的贡献；更加感谢家长朋友的大力支持，让“能量娃”由一个孩子成为一个群体。同时也要感谢中国妇女出版社策划编辑刘宁老师对能量教育的理解和支持！

本书的出版更是全体能量娃人的心血结晶，也许略显稚嫩，但毕竟标志着中国本土早教理论的破土，但愿它可以起到抛砖引玉的效果，为中国本土早教的崛起拉开大幕！

# 中国妇女出版社
## “ibaby俱乐部”会员招募

中国妇女出版社始终以孕产育儿、家教励志类图书作为自己的核心产品，集合了一批如卢勤、王东华、孙瑞雪、区慕洁、戴淑凤、戴耀华等知名的专家作者，出版了《发现母亲》《写给世纪父母》《写给年轻妈妈》《哈佛家训》《中国儿童早期教养工程》《中国儿童智力方程》等多部获奖图书和畅销图书，得到了很多读者的支持和信赖。为回馈广大读者的厚爱，中国妇女出版社特成立“ibaby俱乐部”。

**一、服务内容**

1.俱乐部定期举办孕期保健类、育儿类或家庭教育类公益性的免费知识讲座。每期活动前在中国妇女出版社网站（www.womenbooks.com.cn）、新浪育儿频道、妈妈晒、育儿网等网站发布活动通知，或通过短信特邀部分会员参加活动。

2.享有购买中国妇女出版社的各类图书的优惠。

3.俱乐部不定期给会员提供相关的图书信息及孕产、育儿知识。

4.会员享有改版后的中国妇女出版社网站版主的优先参选权。

**二、会员权利与义务**

1.免费入会，我们不以任何形式收取入会费用。

2.每次活动会员享有优先参与权。

3.会员需填报正确的个人及孩子信息，以便我们在有合适活动时第一时间通知到会员本人。

4.会员有维护“ibaby俱乐部”形象的义务。

5.“ibaby俱乐部”不对任何会员发表的任何言论或行为负责。

6.所有活动及以上文字的最终解释权归中国妇女出版社所有。

## 三、申报方式

1.将包括父母一方姓名、移动电话、常用邮箱、住址所在区、孩子姓名、性别、出生日期等真实资料发送邮件至**zgfncbs@sina.cn**，申请加入会员。

2.邮寄：请将回执（见下）信息填写完整，回寄。

邮寄地址：北京市东城区史家胡同甲24号 中国妇女出版社“ibaby俱乐部”收

邮编：100010

3.联系电话：010-65126982

# “ibaby俱乐部”入会回执

（我们会对会员的各项信息严格保密）

| 父母信息 | | | |
|---|---|---|---|
| 父母一方姓名 | | 移动电话 | |
| 常用邮箱 | | | |
| 住址所在区 | | | |

| 孩子信息 | | | | | |
|---|---|---|---|---|---|
| 孩子姓名 | | 性　别 | | 出生日期 | |

**您最想了解的教育问题有哪些？**

**您对我社图书的意见和建议有哪些？**